UZUNYAŞA

BÜYÜK CEZA

ROMAN

Halil ÖZÇELİK'ten

Sayın Gülüz Öztopal'a
uzun ve anlamlı bir yaşam dileğiyle
26.02.2019

ÇNK
Çanakkale Kitaplığı
ÇOCUK

UZUNYAŞARLAR ÜLKESİ / BÜYÜK CEZA

ÇANAKKALE KİTAPLIĞI ÇOCUK YAYIN NO: 2

UZUNYAŞARLAR ÜLKESİ
BÜYÜK CEZA

HALİL ÖZÇELİK
haliltolga@gmail.com

KAPAK TASARIM
HALİL ÖZÇELİK

RESİMLEYEN
HALİL ÖZÇELİK

SAYFA DÜZENİ
HALİL ÖZÇELİK

YAYINA HAZIRLAYAN
Metin KÜREN

BASKI
Türkmenler Mat. Rek.San.Tic.Şti.
Maltepe Mah. Gümüşsuyu Cad. No: 16
Davutpaşa Topkapı/İstanbul

ISBN
978-605-88849-0-8

YAYINCI SERTİFİKA NO
13852

Çanakkale Kitaplığı Araş. İnc. Bil. Yay. Mat. Tic. Ltd. Şti.
Fetvane Sok. No: 29/1 Merkez/Çanakkale
Tel: 0286 212 95 45
canakkalekitapligi@gmail.com

ÖNSÖZ

Hayal kurmak yaratıcı düşüncenin ilk adımıdır. İkinci adım olgunlaşmış hayalden bir buluş ya da bir sanat eseri yaratmaktır.

Unutmayalım ki bugün bildiğimiz tüm buluşların, sanat eserlerinin tohumu küçücük bir hayalle atılmıştır. Jules Verne'i düşünün. Kimsenin aklına gelmeyecek bir şeyi, Ay'a yolculuğu, hayal etti. Yüz yıl sonra gerçek oldu.

Hayal kurmanın ustası çocuklardır. Onlar ellerine geçirdikleri ufacık bir cisme anlamlar yükleyerek çeşitli oyunlar yaratırlar. Bu konuda sınır tanımazlar. Gençleri de yabana atmayalım. Yalnız onlar hayallerinin içine sevgiyi, aşkı da katarlar.

Fakat hayal kurmakla hayalci olmayı birbirinden ayırmak gerekir.

Benim hayalim de dünyadaki tüm insanların mutlu olmasıdır. Bu zor bir şey değil. Yeter ki hep bana, hep bana demekten vazgeçip bir bana, bir sana, bir ona... demeyi başarabilelim. İşte ben ilk adımı atıyorum ve hayallerimi sizinle paylaşıyorum. Onları sevdiklerinize ulaştırmak, onlarla paylaşmak da size kalıyor.

Halil ÖZÇELİK

Bu kitabı kendisinden çok şey öğrendiğim dedem Hüseyin ÖZÇELİK'e adıyorum.

*İnsan olmak için
insan doğmak yetmez.
İnsan olmak emek ister.
HALİL ÖZÇELİK

Sokağımıza Yeni Kiracı Geldi

Varlık Sokağı sağlı sollu elli kadar yıkık dökük evin sıralandığı bir sokak. Adına aldananlar burada varlıklı insanların oturduğunu sanır. Babam:

"Bu yıkıntılarda gülen birini bulmak güneşsiz havada gökkuşağını görmek kadar zordur." der. "Ama mutsuz, üzgün insan ararsan adım başı bulabilirsin."

Çok doğru söylüyor babam. Komşularımızdan biliyorum; onlar da evleri gibi asık yüzlü, yoksul, umutsuz insanlar... Umudun olmadığı yerde mutluluk fidanı yeşermezmiş. Bunu da ninem söylüyor. Babamın annesi. Bir de:

"Çile çekeni boldur bu sokağın. Hepsi de geçim derdine düşmüş; gözleri dünyayı görmüyor..." der.

Nasıl görsün ki. Üç kuruşluk gelirle bacalarını tüttürmeye çalışıyor bu insanlar. Yoksulluk diz boyu olunca evlerde gürültü patırtı da eksik olmuyor doğal olarak. Yine de bu çekişmeler öyle büyük kavgalara dönüştürülmez. Saman alevi gibi parlar, geçer. Yaşlısı, genci, küçüğü, büyüğü geçim yükünün bir ucundan tutmaya çalışır. Onca sıkıntının altından ancak böyle kalkabiliyorlar.

Bizim annelerimizden babalarımızdan onu bunu isteme alışkanlığımız yoktur. Çünkü onların bizden bir şey esirgemediğini biliyoruz. Ellerinde avuçlarında olmadığı için gönüllerinden geçenleri alamadığını da…

-Halilcan! Ben çıkıyorum oğlum. Ödevlerini bitirmeden oyuna kaçmak yok, tamam mı?

-Tamam, anne. Ben öyle şey yapar mıyım hiç?

Annem Remziye Hanım Teyze'ye gidiyor. Bizim buralarda kadınlar varlıklı hanımlar gibi gün yapmayı bilmezler. Aklına esen bir iki komşusuna haber salar. Toplanır, konuşurlar. Babama göre onlar çene çalmaktan başka bir şey bilmezler. Annem babamın bu sözlerine çok kızıyor:

"Evet, çene çalıyoruz. Ne yapalım? Biz de böyle rahatlıyoruz. Elde yok, avuçta yok. Arada bir görüşüp derdimizi paylaşmayalım mı? Hem toplanıyorsak boş da durmuyoruz ki. Bilenler bilmeyenlere biçki, dikiş, yemek, daha bir sürü şey öğretiyor. Bal gibi de yararlı oluyor bu ev gezmeleri." diyor. Ben de anneme katılıyorum. Onların evin geçimine katkıları büyük. Ben buna görünmeyen katkı diyorum.

Remziye Hanım Teyze yaşı yetmişi aşmış, saçı gümüşe boyanmış, yaşlı, yalnız bir kadın. Bu sokağın en tanınmış kişisi o. Herkesle barışıktır. Olura olmaza kızmaz. Kızsa da öfkesi gelip geçicidir. Kin gütmez. Geniş, köklü bir ailesi varmış. O bunlarla pek övünmez; ama yeri geldiğinde de söylemekten çekinmez:

"Benim dedem bu sokağın en zenginiymiş." der. "Çarşıda kocaman bir kumaş mağazası varmış. O zaman burada hep varlıklı insanlar otururmuş. Sokağımızın adı oradan geliyor. Sonra ne olmuşsa olmuş, o insanlar teker teker çekip gitmişler; kimi başka yerlere göçmüş, kimisi de öbür dünyaya. O güzelim evler üçe beşe bakılmadan yoksullara satılmış. Şimdi de bakımsızlıktan yıkılıp dökülüyorlar. Kimin aklına gelirdi öyle olacağı?" Böyle der, derin bir of çeker. Neler geçer kafasından kim bilir?

Remziye Hanım Teyze'nin bu günlerde canı pek sıkkın. Tam karşısındaki eve altı ay önce yaşlı bir adam taşındı. O kerpiç tuğla yıkıntısı ev sekiz on gün içinde değişiverdi. Çoğa varmaz yıkılır diye beklediği bu evden sokağa neşeli türküler yayılmaya başladı. Adam yetmişinde görünüyor ama kırkında biri gibi dinç. Yorulmak nedir bilmiyor. Evin tüm dökük sıvalarını yamadı, çatısını aktardı. İçini, dışını bembeyaz kireçle badana yaptı. Kapıların, çerçevelerin kırık çatlak yerlerini onardı. Bütün bunları yaparken de bir kere bile öf demedi.

Remziye Hanım Teyze, gözünün önünde böyle şeyler olurken elini kolunu bağlayıp duracak kadınlardan değildir. O çok meraklıdır. Öğrenmek istediği bir şey olursa ne yapar eder öğrenir. Yoksa içi rahat etmez, uykuları kaçar. Bu mahalleye kim gelmiş, kim gitmiş; ondan sorulur. Herkes biliyor ki bunları ilk önce o duyar, o görür…

Dün akşam yemeğinde annem o gün arkadaşlarıyla neler konuştuğunu anlattı. Kimine çok güldük:

"Remziye Hanım'ın çalmadığı kapı yok. Bir insan bu kadar fazla gezerse gördüğü, duyduğu da o kadar fazla olur." dedi. Küçükken ben de giderdim annemin ardına takılıp. Onun için iyi bilirim onu. Zaten o anlatmasa bile diğer kadınlar ona rahat vermezler… Gene hayallere daldım. Ödevlerimi bitirmeliyim. Mutlu Dede'ye uğramak istiyorum. Onunla konuşmak hoşuma gidiyor. Bilge gibi adam; her konuda bilgisi var.

-Halilcan!

Annem sesleniyor:

-Efendim anne?

-Gel oğlum. Şu lokmaları Remziye Hanım Teyze'ye götürüver.

-Tamam, geliyorum.

İki üç soru kalmıştı. Onları da akşama yaparım. Annemin belki de en güzel huyu bu. Değişik bir yemek yaptı mı bir iki komşuya tattırmadan duramaz. "Kokmuştur, özenirler." der. Benimle yollar. "Keşke bol derin olsa da sokakta kim var kim yok herkese verebilsek." diye de iç geçirir.

-Bunları verdikten sonra Mutlu Dede'ye de uğra. Evdeyse ona da yollayayım. Yesin garip.

-Olur.

Şans diye buna derler. Mutlu Dede sokağımızın yeni kiracısı. Hani şu Remziye Hanım Teyze'nin karşısına taşınan yaşlı adam. Asıl adını bilmiyoruz. Bu adı ona kimin taktığını anlamışsınızdır. Yalnız o değil burada herkes bu yabancıyı merak ediyor. Onun yerinde başka biri olsaydı Remziye Hanım Teyze bir haftada onun yedi göbek soyunu sopunu öğrenirdi. Ama bu dede sır küpü. Ağzından kendine ilişkin bir söz çıkmıyor. Onunla en sık görüşenlerden biri benim. Onun nereden geldiğini, ne iş yaptığını ben bile daha öğrenemedim. Soramıyorum da.

Onda herkesten farklı bir şey var. Onun karşısında dilim tutuluyor sanki. Onu dinlemek, ondan bir şeyler öğrenmek hoşuma gidiyor. Onun yanında hiç sıkılmıyorum. Öyle tatlı anlatıyor ki... Masal mı, gerçek mi, bilemiyorum. Bu çok da önemli değil.

Dün akşam, önce Remziye Hanım Teyze'ye sonra da Mutlu Dede'ye lokma götürdüm.

Adamcağız uzun zamandır böyle güzel lokmalar yemediğini söyledi. Anneme selam yolladı: "Anacığının ellerine sağlık. Babanın da kesesine bereket." dedi. Yanından ayrılırken de bana:

"Yarın okul çıkışı gel. Seninle önemli bir şey hakkında konuşmak istiyorum." diye tembihledi.

Şimdi onun evine gidiyorum. İçimde ne olduğunu bilemediğim bir duygu var. Korku mu, heyecan mı, merak mı? Belki de hepsi. Öyle karışık bir duygu bu. Onun hiçbir zaman ne anlatacağını kestiremiyorum. Bazen gezdiği yerleri, kimi zaman tanıştığı ünlü kişileri anlatıyor. Çok yer görmüş, çok insan tanımış. Başından geçen olayların sayısını kendi bile anımsamıyor. Annemin deyişiyle Mutlu Dede güngörmüş adam. İyi anlaşıyoruz onunla. Fakat babam pek anlam veremiyor buna:

"Yetmişini geçmiş bir adam torunu yaşında bir çocukla ne konuşur?" diyor. "Hadi onu anladık. Benim bacak kadar oğlum dedesinden büyük bir adamda ne bulur? Onu daha hiç anlamıyorum. Oğlum yaşıtlarınla oyna, gez, dolaş..."

O hep öyledir. Kafasını hiç yormaz. Onun için kara karadır, beyaz da beyaz. Hep kolayı sever, zoru gördü mü kaçar. Evin yükünü annem çekiyor. Babam dışarıdan gelince ilk işi karnını doyurmak olur. Sonra tut tutabilirsen. Doğru kahvede alır soluğu. Ben annemle daha çok zaman geçiriyorum. Bu yüzden o beni iyi anlıyor.

Mutlu Dede'nin evine yaklaştıkça kalbimin tik takları çoğaldı. Önemli şeyler demeseydi bu kadar heyecanlanmazdım. Acaba babam haklı olabilir mi?

"Bu adam yabanın teki. Kendi hakkında

hiçbir şey anlatmadı. Fakat sokakta herkesin ne olduğunu bir bir öğrendi. Böylelerinden korkulur oğlum. Ondan uzak dur." Ben babama katılmıyorum. Onun şimdiye kadar kimseye bir kötülük yaptığı görülmedi ki. Tam tersine herkese bir yardımı oldu. Elinden ne iş olsa geliyor. Her konuda bir bildiği var. O olmasaydı dönem ödevimde başarısız olacaktım. Basit araç gereçlerle bir elektrik motoru yapmam gerekiyordu. Az kıvranmadım nasıl yapayım, diye. Oysa Mutlu Dede:

"Bir kalem pil, iki karış yalıtılmış tel ile bir mıknatıs parçası bul, gel." dedi. İstediklerini hazırlayıp götürdüm. Birkaç dakika içinde bir değil, üç farklı elektrik motorunun yapılışını gösterdi. Bunlardan hangisini istersem hazırlayıp öğretmenime verebileceğimi söyledi. O ödevimden çok iyi bir not aldım. Yalnızca bununla da kalmadım. Şimdi dilediğim zaman yeni motorlar yapıyorum, oynuyorum.

Söz Mutlu Dede'den açılınca benim çenem düşüyor. Az daha geçiyordum. Bakalım evde mi? Beni çağırdığına göre bir yere gitmemiştir.

-Mutlu Dede! Mutlu Dede!

Şimdi ipi çeker kapı açılır. Çok akıllı adam. Elinde bulunan basit araçlarla yapamayacağı yoktur:

"Hazırı almak kolaydır. Eldekileri değerlendirmektir önemli olan." diyor. Oturduğu odadan kapıya kadar makaralarla bir ip uzatmış. Yerinden kalkmadan ipin ucunu çekince kapının mandalı açılıveriyor... İşte açıldı.

-Mutlu Dede! Benim Halilcan.

-Seni bekliyordum oğul. Hoş geldin!

Tek başına bu yıkıntılığı çekip çevirdi. Annemin demesi; onun evine kadın eli değmiş gibi. Gerçekten öyle. Ne zaman gelsem yeni bir şeyle karşılaşıyorum.

-Sergenlerimi beğendin mi oğul? Yeni yaptım. İki gündür onlarla uğraşıyorum. Ama değdi bana göre. Ortalık yerde ne kadar yayıntı varmış. Hepsini topladılar. Evin içi rahatlayıverdi.

-Çok güzel olmuş Mutlu Dede. Sen marangoz musun?

-Ha! Ha! Ha! Değilim oğul. Geçen gelişinde de yeni perdeleri görünce bana; "Terzi misin?" diye sormuştun.

İnsan bu kadar uzun yaşarsa her şeyi öğreniyor. Kaç yaşındayım, dersin? Yetmiş mi? Seksen mi? Yüz mü?

-Bilmiyorum. Ama yetmişten yukarı olmalısın.

-Tam yüz kırk dokuz yaşındayım oğul. Biliyorum inanması zor. Ama doğru söylüyorum. İşte sana anlatmak istediğim şeylerden biri de buydu.

Dün akşam eve döndüğümde önce annem beni bir güzel azarladı:

"Bu saate kadar nerelerdeydin?"

İşten gelince de babam payladı:

"Senin kulaklarını çekme zamanı geldi de geçiyor."

İkisinden de özür diledim. Biliyorum, yerden göğe kadar haklılar. Zamanın nasıl geçtiğini anlayamamışım. Zaten Mutlu Dede'nin yanındayken kendimi unutuyorum. Gene öyle ilginç şeyler anlattı ki benim yerimde kim olsaydı ayrılamazdı oradan.

Yüz kırk dokuz yaşında olduğunu söyleyince küçük dilimi yutacaktım. Ona inanmadığımı gözlerimden okudu sanki. Bu adam bir bakışta insanın ne düşündüğünü anlıyor. Nasıl anlamasın? Onca yıl gezmediği yer, görmediği insan kalmamış. Adam, adam değil canlı tarih. Beni en çok yaşadığı olaylar şaşırttı.

Çok mutlu bir çocukluk geçirmiş. Varlıklı bir ailesi varmış. Ne istese anında yapılırmış. Gençliği de rahat geçmiş; bir eli yağda bir eli balda. Delikanlılığının en güzel çağında sevdiği kızla evlenmiş. Dünyalar tatlısı bir bebekleri olmuş. Dudakları gül goncasına benzediği için adını "Gonca" koymuşlar. Kız gelinlik çağına gelinceye kadar onları hiç üzmemiş. Onlar da ona, bir dediğini iki ettirmemişler. El bebek gül bebek büyütmüşler. Fakat Gonca on sekizine basınca birden ortadan kaybolmuş. Günlerce aramışlar sevgili yavrularını. Bir yıl sonra ellerine kısacık bir mektup geçmiş. Kızları mektubunda: "Uzak; ama çok güzel bir yerde yaşıyorum. İyiyim. Tek eksiğim sizsiniz. Özlemle ellerinizden öpüyorum..." diyormuş. Nerede olduğunu da neden orada olduğunu da yazmamış.

Bir kez daha yıkılmışlar. Bundan sonra yirmi yıl kızlarının yolunu gözleyerek üzüntüler içinde yaşamışlar. Gonca, yılda bir mektup yollamış onlara. Bu bile onları sevindirmeye yetiyormuş: "O birkaç satırlık mektuplar çölde düşen bir damla yağmur gibi yüreğimizi serinletiyordu." dedi.

Yıllar sonra evlerinin önünde iki çift atın çektiği bir arabadan inen güzel hanımı önce ikisi de tanıyamamışlar. Mutlu Dede; "Gonca, koşarak önce anasının, sonra da benim boynuma atılınca az daha sevinçten düşüp bayılacaktık." dedi. O anda her şeyi unutmuşlar. Evlat sevgisi hiçbir şeye benzemiyormuş. Aradan geçen onca zaman onu unutturmak şöyle dursun ona olan sevgilerini kat kat arttırmış. Birbirlerine tekrar tekrar sarılıp doyasıya özlem gidermişler. Ondan sonra da kızları ile mutluluk içinde yaşamışlar.

Bunları anlatırken Mutlu Dede'nin gözlerinden yanaklarına iki damla yaş süzüldü. Bu kocaman adamın ağladığını görünce nasıl da üzülüyorum!

-Halilcan! Oğlum duymuyor musun beni?

Annem çağırıyor. Ödevlerimi bitirip bitirmediğimi soracak. Bu büyükler çok mu akıllı o-luyor? Hiç unutmuyorlar böyle şeyleri.

-Geliyorum anneciğim!

En iyisi ona doğruyu söylemek. Bugün i-çimden hiç ders çalışmak gelmiyor. Kızacak; ama ne yapayım? Kalanları da yemekten sonra oturur, yaparım.

-Geldim anneciğim. Ne güzel kokuyor. El-malı kurabiye, değil mi? Ne zaman çıkaracaksın?

-Konuyu değiştirmeye çalışma Halilcan. Ödevlerin bitmediyse kurabiyeyi unut.

-Peki, o zaman ben gideyim de çalışayım.

-Dur, gidersin. Akşam anlatmadın. Ders ça-lışıyorsun diye ben de ses etmedim. Onca zaman neler konuştunuz o yaşlı adamla?

-Hiç. Bana yaşamını anlattı.

-Neler anlattı?

-Yüz yaşından büyükmüş, biliyor musun? Yaşa yaşa bitmez. Öyle çok yer gezmiş, o kadar insan tanımış ki…

Annem de Mutlu Dede'nin o denli yaşlı ola-bileceğine inanmadı. Ben de üstelemedim. Sonra da "Kurabiye yoksa bundan başka şey öğrene-mezsin benden." dedim. Anne yüreği işte; yufka olur, dayanamadı. Biraz da merak var elbet. Ana oğul çay demledik. Bir yandan yiyip içerken bir yandan da konuştuk. Daha çok o sordu ben anlat-tım. Ama her şeyi değil; Mutlu Dede'nin aramız-da kalacak dediklerinden hiç söz etmedim.

Dinlerken bir iki dudak büktü. duyduklarının çoğunu şaşkınlıkla karşıladı. Fakat ben: "İşte böyle anneciğim. Adamcağızın bu dünyadan hiçbir beklentisi kalmamış. İnsanlara yardım etmek için çırpınıyormuş." deyince Dede' ye onun da içi ısınmış olacak ki:

"Garibim yalnız başına yaşamaya savaşıyor. Baksana az çileler çekmemiş. Gene de iyi dayanmış." dedi.

Şu zaman da ne kadar ters bir şey. İstersin geçmek bilmez, istemezsin ardından atlılar koşturur gibi akar gider. Üç gün oldu Mutlu Dede' yle konuşalı, ben daha onun istediğini yapamadım. Sokağımızın en mutsuz insanını öğrenemedim. Doğrusu tam da öyle değil. Anneme bir türlü soramadım. Nasıl soracağımı bilemedim işin gerçeği. Ama şu ödevlerimi bitireyim gidip ağzını arayacağım...

Bunların da biteceği yok. Bu kadar da verilmez ki canım. Kalanları gelince yaparım artık. Şimdi gidip şu gizli görevimi yerine getireyim. Tanrım bana yardım et.

Sesi mutfaktan geliyor. Yine aynı türküyü mırıldanıyor. "Süt içtim, dilim yandı. Amanın amanın..."

-Bakıyorum, neşen yerinde anneciğim. Neler yapıyorsun?

-Geldin mi oğlum? Ben de şimdi seni çağıracaktım. Süt ısıttım. Yanına da ısırganlı poğaça yaptım; seversin.

-Sen annelerin canısın.

-Geveze.

Poğaçalar çok güzel olmuş. Aman oğlum Halilcan, bunlara dalıp asıl görevini unutma.

-Eline sağlık annem. Beni çok mutlu ettin. Sen de mutlu musun?

-O da nereden çıktı şimdi?

-Hiç, sordum... Anne! Anne!

-Söyle oğlum.

-Anne!

-Halilcan, ne diyeceksen de, kızdırma beni.

-Sence bizim sokağın en mutlu insanı kimdir?

-Ben değilim de gerisini bilemem.

-Peki, en mutsuzu kim dersin?

-Tövbe! Tövbe! Bugün nereden buluyorsun böyle soruları?

-Olsun, sen söyle.

-Benim. Tamam mı? Bu sokağın da bu mahallenin de en mutsuz kadını benim. Oldu mu?

Bir an için çok korktum. Gerçek olabilir mi diye düşündüm. Ama olamazdı. Annem evi süpürürken de yemek pişirirken de türküler mırıldanır. Az önce de öyle yapıyordu. Bazen kendini kaptırır da sokaktan bile duyulur sesi. Hele komşu teyzelerle bir araya geldiler mi gülüşürler, eğlenirler. Mutsuz insan gülebilir mi? Hiç mi gülemez, hiç mi eğlenemez? Hep mi üzülür? Kafam iyice karışmıştı. Ama annem kararlıydı. Bu soruyu neden sorduğumu söylemeden Nuh dedi, peygamber demedi. Başka yapacak bir şey yoktu. Ben de ister istemez anlattım.

"Mutlu Dede sordu."

"O ne yapacakmış, bu sokağın en mutsuz insanını? Doyurup giydirecek miymiş onları? Bakkala, kasaba olan borçlarını mı ödeyecekmiş? Bu adam yoksa çok mu varlıklı da herkesten gizliyor?"

"Yok anne, ne varlıklısı? Öyle olsa bizim sokakta işi ne?"

Önce bana söylemediğini bırakmayan annem aradan biraz zaman geçince baktım gözlerini kısmış, düşünüyordu. Herhalde sokağımızı bir uçtan bir uca kafasında canlandırıyordu. Belki de tüm evlerde yaşayanları tek tek gözünün önüne getiriyordu. Neden sonra mırıldandığını duydum:

"Oğlum bu sokakta mutlu insan yok ki. Herkes mutsuz. Ama sen en mutsuzunu soruyorsun değil mi? Dur bakalım hele."

Biraz daha sessizce düşündükten sonra uzaktaymışım gibi bana seslendi. Oysa ben yanı başında onu izliyordum. Öyle dalmış ki beni unutmuştu.

"Halilcan!"

"Buradayım anne."

"Aradığımız kişi Seyfi Dayı olabilir. Yıllar

yılı hastadır. Ne öldü ne dirildi... Remziye Hanım'ın az ilerisinde oturan Manav Nuri de olabilir. Karısı onu bırakıp kaçtığından beri adam mecnun gibi dolaşıyor... Bir de çeşmenin yanındaki Balıkçı Mehmet Ali var..."

"Haklısın anneciğim. Mehmet Ali Amca tam aradığımız adam. Mustafa'nın halini bir görsen acırsın. Okulda süklüm püklüm dolaşıyor çocuk. En çok da arkadaşlarımızın ona söylediklerine üzülüyor. Ayyaşın oğlu, diyorlar. O da yerin dibine giriyor. Mustafa, babasını çok seviyor; ama bu söylenenlere de dayanamıyor."

Arkadaşlarımın dediklerine annem çok kızdı.

"Terbiyesizler. Bunları öğretmeniniz duymuyor mu?" dedi. "O duymuyorsa siz söyleyin ona. Çeksin kulaklarını utanmazların."

"Duymaz olurlar mı? Onlar gereken uyarıları yapıyorlar. Ama okuldan çıkınca arkadaşlar yine bildiğini okuyorlar. Mustafa zaten sessiz bir çocuktu, şimdi iyice içine kapandı. Anne! Emine Teyze neden öldü?"

"Aman evlerden ırak olsun oğlum. Kötü bir hastalıktan gün yüzü göremeden gitti kadıncağız. Son günlerde bir deri bir kemik kalmıştı; ama çocuklarını yine de çiçekler gibi yollardı okula."

"Şimdi onları görsen için parçalanır."

Annemle kararımızı vermiştik; bizim sokağın en mutsuz insanı Mehmet Ali Amca'dır.

Sonra ödevlerimi bahane edip annemin bitmez tükenmez sorularından kurtardım kendimi. Ama kafamı derslerime veremedim bir türlü. Mutlu Dede'nin neden böyle bir şey istediğine akıl erdiremiyordum. Söylemiyor da. "Sen dediğimi yap, gerisine karışma." diyor. Bir yandan da acaba doğru kişiyi mi seçmiştik diye kendi kendime soruyordum. Akşam yemeğinde babamın anlattıklarını duyunca içim rahatladı. Babam sofrada ortaya bir soru attı:

"Bizim şu Balıkçı'nın hali ne olacak?"

O böyle bir soruyla başladı mı konuşmaya, önemli şeyler anlatacak demektir.

Ben hemen atıldım:

"Ne olmuş Mehmet Ali Amca'ya?"

Benim ardımdan annem de aynı soruyu sordu:

"Evet, ne olmuş Mehmet Ali'ye?"

"Dün gece kahvenin bir köşesine çekilmiş oturuyordu. Baktım elinde yine karısının resmi vardı.

Ona bir şeyler anlatıyor, ağlıyordu. İçimiz paralandı onu öyle görünce."

Babam yufka yürekli biri değildir. Vara yoğa üzülmez. Ama Mehmet Ali Amca eski dostudur. Onu sever. Annem biraz sert bir ifadeyle sordu:

"Yanına gitmediniz mi? Adamcağızı avutsaydınız ya biraz."

"Kimseyi istemiyor ki. Ben yine de gittim. O kadar üzülmemesi gerektiğini söyledim. Evde çocukların bekliyor, onların geleceği için yaşamak zorundasın dedim."

"O ne dedi?"

"Önce beni sevip saydığını söyledi sonra onu yalnız bırakmamı istedi. O gamsız, neşeli Mehmet Ali gitti, yerine bu dert küpü adam geldi. İnsan kızamıyor da. Ne yapacağımı bilemedim."

"Öyle deme. Kolay mı insanın sevdiğinden ayrılması? Bu öyle gelip geçici bir ayrılık da değil. Evet, onlar yoksuldular; ama iyi geçiniyorlardı. Emine de Mehmet Ali'yi çok severdi."

Hepimiz çok üzülmüştük. Yüzlerimiz asılmıştı. Öyle sessiz kalakalmıştık. Annem sabah erken kalkacağımı bahane edip beni yatmaya yolladı. Onlar belki de bir süre daha aynı konuyu konuştular.

Gece hiç iyi uyuyamadım. Mehmet Ali Amca rüyalarıma girdi. Birinde okuldan eve dönerken yolumu kesiyor, işaret parmağını bana doğru oynatarak:

"Halilcan! Seni utanmaz! Benim başıma bu belayı sen sardın. Sen temizleyeceksin. Yoksa bunun hesabını kötü ödetirim sana." diyordu. Ben korkudan bağırarak eve koşuyordum. İkincisinde ise yine okul çıkışı önüme geçiyor. Elinde bir torba dolusu balık var:

"Bunları al, eve götür. Annen pişirsin de akşama yersiniz. Evimi, ocağımı kurtardın benim. Sana nasıl teşekkür etsem azdır. Artık bir oğlum da sen sayılırsın. Babana selam söyle." diyordu." Sevinerek uçar gibi evin yolunu tutuyordum. Bu yüzden çok kararsızım. Şimdi eve girmeden Mutlu Dede'ye uğramam gerek; ama çekiniyorum. Ayaklarım bir ileri, bir geri gidiyor.

Fakat söz verdim bir kere, gideceğim. Mehmet Ali Amca'nın adını vermeden önce ona bir zarar gelmesinden korkuyorum, diyeceğim. Böyle söylüyorum ya daha kapıdan adımımı atar atmaz bir şey oluyor. Mutlu Dede'nin buyruğuna giriyor, her şeyi unutuyorum. Ona karşı çıkamıyorum. Gene öyle olacak. Adım gibi biliyorum. Dönsem mi acaba?

Aman ne olacaksa olacak. Kapıya kadar gelmişken dönemem.

-Mutlu Dede! Ben geldim!

-İçerideyim oğul. Dur ipi çekeyim.

Sesindeki şu tatlılığa, yumuşaklığa bakın. Böyle bir adamdan korkulur mu? Utan oğlum Halilcan. Her yer yine pırıl pırıl. Yoksa temizliğe biri mi geliyor bu eve?

-Hoş geldin oğul. Geç otur şu sedire. Soluklan biraz. Sizin okul da az uzak değil. Dersler nasıl bakalım?

-Hepsi çok iyi dede.

-Aferin sana. Bugün pazardan elma aldım. Birer tane yeriz değil mi? Yerken de konuşuruz... Şu büyüğü sen al. İnsan yaşlanınca her şeyin azını arar.

Elma güzelmiş. Ben de çok severim. Hele iyi yıkanmış elmayı kabuğuyla yemeye bayılırım. Gene aklım Mehmet Ali Amca'da. Neden hala sormadı? Unuttu mu yoksa? Unutursa ne yaparım? Yine de söyler miyim?

-E! Bir yandan da konuşalım mı? Annene sordun mu? Kimmiş bu sokağın en mutsuzu?

Unutmamış. Cin gibi bu adam.

-Mehmet Ali Amca'ymış.

-Dur bakayım. Benim de aklıma geliyordu o. Şu sarışın, mavi gözlü, zayıf adam, değil mi?

-Evet, o; Balıkçı Mehmet Ali.

-Ayyaşa benziyor o biraz. Ne zamandır onu izliyorum. Başında hep bir örme beresi var, elinde de balık tespihi. Her gece kahvenin en sakin köşesine çekilir, ağlar. Kimseyle konuşmaz. Karısı mı ölmüş, ne?

-Evet, sen bu sokağa gelmezden bir iki hafta önce eşi öldü. Birbirlerini çok severlermiş. Annem: "Dört kuzusunu ardında bıraktı da gitti Eminecik; gün yüzü göremeden." diyor.

-Çocukları küçük mü?

-Oğlanların büyüğü benimle yaşıt. Aynı sınıftayız. Küçüğü beşe gidiyor. Kızlardan büyük olanı okula yeni başladı. En küçükleri daha üç yaşında.

Mutlu Dede'nin bütün sorularını bildiğim kadarıyla yanıtladım. Konuştukça kafamdaki korkular silindi. Ayrılırken: "Mehmet Ali Amca' ya ne yapacaksın?" diye sordum. "Merak etme ona bir zararım dokunmayacak. Yakında herkes onun güldüğünü görecek." dedi.

Eve dönerken içimde iyi bir şey yapmanın rahatlığı vardı. O gece deliksiz uyudum.

Üç gündür Mustafa'ya babasını soruyorum. O da benim durup dururken Mehmet Ali Amca' ya karşı ortaya çıkan bu ilgime anlam veremiyor. Onun her zamanki gibi olduğunu söylüyor. Yani değişen bir şey yok. Mutlu Dede'den de öğrenemiyorum. Okul çıkışı onu hep kahvede görüyorum. Herkesin içinde bu konudan söz açmaya çekiniyorum. Bunların aramızda gizli kalması gerekiyor. Bana olan güvenini yitirmesini istemiyorum. Geriye babam kalıyor. O da geceleri kahveden çok geç geliyor. Annem saat on oldu mu beni yatmaya yolluyor. Ama onun da bir bildiği yok herhalde. Olsaydı bana anlatırdı. Yine umudum kalmadı. Babam hala ortalıkta yok. Uyku gözlerimden akıyor, dayanamayacağım.

Dur bakayım kapı çalındı. Geldi, babam geldi. Yaşasın! Acaba yanlarına gitsem mi?

Annem çok kızar. İkisi de. Böyle merak içinde de uyuyamam ki.

-Halilcan! Halilcan! Uyudun mu?

Haydi bakalım. Ne diyeceğim şimdi?

-Uyumuştum baba. Bir şey mi var?

-Uyandın artık. Gel buraya.

Ne söyleyecek ki bu saatte? Sesi kızgındı sanki. Yeni uyanmış gibi yapayım da uyumadığım belli olmasın.

-Efendim baba?

-Senin şu Mutlu Deden sihirbaz mıdır, nedir oğlum?

-Ne oldu ki baba? Neden öyle sordun?

-İki gecedir bir köşede Mehmet Ali'yle fısır fısır konuşuyorlardı. Bu akşam Mehmet Ali ayıktı, içmemişti. Yine ikisi bir süre fısıldaştılar. Sonra birden Mehmet Ali'nin ayağa kalktığını gördük. Gözlerinin içi gülüyordu. Kahveciyi çağırdı, herkese ne isterlerse vermesini söyledi. Olacak şey değildi. Çok şaşırmıştık. Her akşam eli ayağına dolaşan, ne dediği anlaşılmayan adam neredeyse kalkıp göbek atacaktı. Mutlu Dede'nin ellerini kaç kez öptüğünü sayamadık.

Babam anlattı da anlattı. Ben yalnızca:

"Size söylemiştim. Bu adam iyi biridir. Ondan herkese iyilik gelir, kötülük gelmez." dedim. Yatmak üzere yanlarından ayrıldım. Benim de içimden oynamak geliyordu. Yatağıma girip bu mutluluğu yaşamak istiyordum. Giderken baktım annemin de yüzü gülüyordu. Gülümseyerek bana göz kırptı. Gece kaygısız tasasız bir uyku çektim.

Bugün okulda Mustafa'yla konuştum. Daha doğrusu ben sormadan o söyledi:

"Babam artık bizi seviyor."dedi. "Bu sabah birlikte kahvaltıya oturduk. Giderken de saçlarımızı okşadı, yanaklarımızı öptü."

Gözlerinin içi gülüyordu Mustafa'nın. Çok mutluydu. Bunda benim de bir payım var. Ama en büyük pay Mutlu Dede'nin. Okuldan gelirken baktım. Kahvede yoktu. Evinde olmalı. Ona teşekkür etmeye gidiyorum şimdi. Annem de bir tabak kuru fasulye koydu, sıcacık. Belli ki o da teşekkürünü bu şekilde göstermek istiyor.

Şu yemeği dökmeden verebilsem... Kapıyı aralık bırakmış. Hiç böyle yapmazdı. Beni bekliyor herhalde. Adamcağıza bir şey mi oldu yoksa? Canım sıkıldı şimdi. Şu tabağı mutfağa bırakayım önce. İçeriden de ağlama sesleri geliyor. Koskoca adam neden ağlıyor ki? Neye üzüldü acaba? Dur bakayım, bir şeyler söylüyor. Yoksa yanında biri mi var?

Duyduklarıma inanamıyordum. On dakika kadar sessizce dinledim:

"Şerife'm! Dün bir kişiyi daha mutlu ettim. Onun da tüm acılarını omuzladım. Yüküm biraz daha arttı. Artık onların altında ezildiğimi hissediyor, dayanamam diye korkuyorum. Fakat sana kavuşma umudum bana güç veriyor. Böyle düşününce ben de mutlu oluyorum. Benimki biraz buruk; ama olsun. Az kaldı Şerife'm. Seni göreceğim günü iple çekiyorum..."

Döndü, durdu aynı şeyleri yineledi. Sonra kapıyı tıklatıp yanına girdim. Hemen toparlandı, gözlerini sildi. Bana ağlarken görünmek istemediği belliydi.

"Kapı aralıktı, girdim." dedim. Beni karşısına oturttu. Mehmet Ali Amca için ona teşekkür ettim. Epeyce konuştuk. Neden üzgün olduğunu sordum:

"Şimdi sana söyleyemem. Söylesem de anlayamazsın. Yalnız şu kadarını bil, yeter." diye yanıtladı. Yetmiş beş yaşındayken can yoldaşı, karısı Şerife ölmüş. Bu onu çok üzmüş. O yüzden Mehmet Ali Amca'yla oldukça fazla ortak yönleri varmış:

"Benzer acılar yaşamışız. Onunla çok iyi anlaştık." dedi. Karısı öldüğünde, önce o da insanlardan kaçmış, içine kapanmış. Ama bunun bir işe yaramadığını çabuk anlamış sonra kendini insanları mutlu etmeye adamış. İşte o gün bugündür hep yoksul bölgelerde dolaşırmış. Oraların en mutsuz insanlarını bulur, onları sevindirirmiş. Nasıl yaptığını bilemiyorum. Onların acılarını omuzlamasını da anladığımı pek söyleyemem. Gizemli yanları var bu Mutlu Dede'nin. Ama ben yinede onu çok seviyorum. O iyi bir insan.

Sekiz, on gündür bizim sokakta herkes Mehmet Ali Amca'yla Mutlu Dede'yi konuşuyor. Her akşam annem o gün gezdiği kapılarda duyduklarını, babam da bir önceki akşam kahvede konuşulanları anlatıyor. Kimi ermiş, diyormuş. Kimi onun doktor olduğunu; ama nedense bunu gizlediğini söylüyormuş. Bunları Mutlu Dede'ye sordum. Güldü:

"Ben yalnızca tanrının bir sevgili kuluyum. O kadar." dedi.

Remziye Hanım Teyze Geliyor

Bugün okul çıkışı eve gelirken Remziye Hanım Teyze'yle karşılaştım. Gelibolu'dan, sütkardeşinden, geliyormuş. Üç haftadır ortalıkta görünmüyordu. Annemin deyişiyle yılda birkaç kez iki üç haftalığına karabatak gibi kaybolur. Sonra ansızın çıkıverir ortaya. Beni görür görmez ne sordu, dersiniz? Tam düşündüğünüz gibi:

"Halilcan, anlat bakalım neler oldu ben yokken?

Babam haklı galiba. "Kendisi gider; ama kulaklarını burada bırakır." diyor onun için. Ben anlamamış gibi davrandım:

"Ne olmuş ki Remziye Hanım Teyze?"

"Saklamaya çalışma. Benim her şeyden haberim var. Balıkçı Mehmet Ali'yi soruyorum elbet. Bunu sen bilmeyeceksin de kim bilecek?"

İşin doğrusu o bütün olanları öğrenmiş. Bana da cümle cümle doğrulattı.

Gözünden de kulağından da bir şey kaçmıyor şu kadının. Onunla öyle yürüyerek sokağın başına vardığımızda bize doğru gelen genç bir kadın gördük. Remziye Hanım Teyze onu işaret ederek sordu:

"Şu gelen Sobacı Seyfi'nin kızı değil mi?"

"Bilmem, tanıyamadım. Sen daha iyi bilirsin."

"Doğru. Sen nereden tanıyacaksın? Ayda, yılda bir gelir. Üç beş gün kalır, gider. Babası ağırlaştı herhalde yine."

Durduk. Kadının yaklaşmasını bekledik. Remziye Hanım Teyze'nin çantalarından birini ben taşıdığım için onu bırakıp ayrılamadım. Kadınla ikisi konuşmaya daldılar, beni unuttular. O kadar anlatılanın içinden iki şey beni çok üzdü:

Altı ay kadar önce kocası trafik kazası yapmış. Gencecik oğulları ölmüş, kocasının da kolu kopmuş. Ne kadar acı bir şey. Nasıl dayanılır? Bilemem. Bu yetmez gibi şimdi de Seyfi Dayı ağırlaşmış yine. Kadın evinin geçimine mi baksın, babasına mı?

Bu ayaküstü söyleşi bittikten sonra yeniden yola koyulduk. Remziye Hanım Teyze:

"Halilcan!" dedi. "Söylesen de senin bu Mutlu Dede'n şu garibime de bir baksa ya. Sevaptır."

Ne diyeyim? Zaten ne desem dinlemezdi beni. Söylerim anlamında başımı salladım. Fakat içime sıkıntı oldu bu. Ya Mutlu Dede bana kızarsa. Öyle ters biri değil; ama belli de olmaz. Sanırım yapabileceği bir şey varsa yapar, yoksa yoktur.

Ondan sonra Remziye Hanım Teyze her gün bize geldi. Bugün beşinci gün. Gene bizdedir, beni bekliyordur. Ben de Mutlu Dede'yi evde yakalayıp olan biteni ona anlatamadım ki. Şimdi yine onun evine gidiyorum. Yalnız bir korkum var; Remziye Hanım Teyze bizdeyse ona görünmek. Bu yüzden duvar dibinden sessizce yürüyorum. Tilki gibidir. Pencere kıyısına oturur. Yoldan geleni, geçeni izler. En az üç kişiden birine seslenir, bir şeyler söyler ya da sorar.

Çok şükür yakalanmadan buraya kadar geldim.

-Mutlu Dede! Mutlu Dede! Hasta mı nedir? Hemen çekiverirdi ipi. Bu kadar gecikmezdi.

Biraz bekledikten sonra kapı açıldı. İçeri girdiğimde onu yatakta uzanmış buldum. Üzerinde bir kırgınlık, bitkinlik varmış. Benim soran bakışlarım karşısında şu açıklamayı yaptı: "Sen seslendiğinde uyuyordum. Uzanmıştım, dinlenirken içim geçmiş, dalıp gitmişim." Uyandırdığım için özür diledim. Ama o bütün inceliğiyle beni gördüğüne ne kadar sevindiğini söyledi. Ben de ona Seyfi Dede'yle kızını anlattım. Sonunda Remziye Hanım Teyze'nin dediklerini de aktardım:

"Ben doktor değilim ki Halilcan. Sobacı Seyfi'ye bir yardımım dokunmaz." dedi. Sonra onun kızından başka kimsesi olup olmadığını sordu. Ben de ona kardeşinin kızından söz ettim. Ara sıra Seyfi Dayı'yı dolaştığını söyledim. "Ama çoğunlukla kendi kızı Seyyide Teyze gelir, alır. Onu bir güzel iyileştirir. Sonra yeniden getirir. Ne yapsın kadın? Onun da derdi başından aşkın." dedim.

Mutlu Dede bu anlattıklarımla daha çok ilgilendi: "Belki ona bir yardımım olabilir." dedi. Nasıl sevindim, anlatamam. Yeni bir görevle yanından ayrılıp eve döndüm.

Akşam yemeğinde babamın anlattığı şeyler çok canımı sıktı. Bir süredir Mutlu Dede her kahveye gittiğinde onu masasına oturtmak isteyenler arasında bir yarış başlıyormuş. Sonra nereye otururса otursun hemen çevresi sarılıyormuş. Adamcağız dert dinlemekten ne çayını içebiliyor ne iki insan yüzü görebiliyormuş. Onlara doktor olmadığını, bu nedenle kimsenin derdine çare bulamayacağını anlatıyormuş. Ama boşuna. Herkes yine bildiğini okuyormuş. Bazıları daha da ileri giderek:

"Senin nefesin kuvvetlidir. Okuyup üfleyiver. Sevaptır." diyormuş. Bu kez de adamcağız üfürükçü olmadığını anlatmak için çırpınıyormuş. En çok Lütfü Dayı'ya gülmüşler. Adamın karısı bir yıl önce gelinlik beşibiryerdesini kaybetmiş. Şimdi Mutlu Dede'den onu bulmasını istiyormuş. Şaka yapmıyormuş. Çok ciddiymiş. Babamın kahkahalarla anlattığı bu olaya annemin hiç gülmediğini fark ettim. Ben bakınca gözlerini kaçırdı. Onun önsezileri güçlüdür. Kesinlikle yanlış giden bir şeyler sezinlemiştir.

"Anne!" dedim. "Neler oluyor?" İçini çekerek yanıtladı:

"Bu işin sonu kötüye varacak. Dediydi dersiniz." Biz annemin bu sözlerinden hiçbir şey anlayamadık. Annem bizi fazla üzmeden açıkladı:

"Akşamları adamcağızı kahvede sıkıştıranlar oluyor. Yarın öbür gün evine de gelmeye başlarlarsa işte o zaman bunun önüne nasıl geçilir, dersiniz." Annem yerden göğe kadar haklıydı. İşin o yönünü biz akıl edememiştik.

Korkulan başa gelir derler. Ne kadar doğruymuş. Yemekten sonra Remziye Hanım Teyze geldi. Annemin çat kapı komşusu. Aklına esince çalar zili, dalar içeri. Biz onun bu hareketlerine alışkınız. Bu yüzden hiç birimiz kızmayız ona. Üstelik onu severiz de. Girdiği ortama neşe katar, hareket getirir. Sonra o bizim sokağımızın haber kaynağıdır. Fakat bu akşam getirdiği haberler bizi üzdü, kaygılandırdı:

"Sofrayı kurdum. Daha bir yudum almadan kapı çaldı." dedi Remziye Hanım Teyze. Söze pat diye girer, anlatmaya başlar. Sonra birden susar. İnsanı meraklandırmayı da çok bilir. Gözlerinin içine bakalım ister.

"...Açtım, baktım. Bir kadınla yanında on üç, on dört yaşlarında bir kız çocuğu var. Mutlu Dede'ye gelmişler de onun nerede olduğunu soruyorlar..." Annem;

"Ne yapacaklarmış Dede'yi?" dedi.

Kadın kızını okutmaya getirdiğini söylemiş. Kız doğuştan özürlüymüş; konuşamıyor, düzgün yürüyemiyormuş. Remziye Hanım Teyze yanlış kapıya geldiklerini, Mutlu Dede'nin öyle biri olmadığını söylemiş. "Bizim sokakta üfürükçü yoktur. Boşuna beklemeyin." demiş. Fakat kadın bir türlü gitmeye yanaşmamış. "Sen anlamazsın nine. Dede kızı bir görsün, olursa olur; olmazsa çeker gideriz." diyormuş.

Bunun üzerine Remziye Hanım Teyze açmış ağzını yummuş gözünü:

"Bu zamanda onca hastane, onca doktor varken utanmıyor musunuz böyle yapmaya? Gidin evinize bakayım. Rahat bırakın adamı."

Sonra kapatmış kapıyı. Gizlice perdeyi aralayıp camdan bakmış. Kadının kızını sürükler gibi çekiştirerek söylene söylene uzaklaştığını görmüş. Fakat dönüp sofraya oturunca içi içini yemiş; "Ana yüreği. Ne yapsın zavallı? Bir umut işte." deyip kendini suçlamış, durmuş.

"Haklısın Remziye Hanım Teyze. Kim olsa senin yerinde üzülürdü. O başka bir şey. Fakat onların yaptıkları da doğru değil. Bu gibi dertlerin çaresi hastanelerde aranır. Oralara gitsinler."

"Doğru diyorsun da kızım, gitmedik hastane bırakmamışlar ki."

"Öyle mi? Ne diyelim? Onları bu duruma düşürenler utansın. Kızın derdine çare bulunmasa bile onun daha rahat yaşaması için yapılacak bir şey vardır elbet..."

Annem bunlara benzer daha pek çok şey söyledi. Meğer benim anacığım neler bilirmiş de haberim yokmuş. Ben onun ne kadar zeki olduğunu biliyordum zaten. Bir gün anlatmıştı. Yoksulluk yüzünden ortaokula başlamışken ayrılmış. Söz okumaktan açılınca: "Köy yerinde bir kişi bir ırgat." der, içini çekerek dedemin kulaklarını çınlatır.

Bir haftadır Mutlu Dede'nin kapısının önünden kalabalık eksik olmuyor. Ne kadar çok dertli insan varmış. Adamcağız ne yapacağını şaşırdı. Evde oturamıyor; gelen giden rahat vermiyor. Kahveye çıkamıyor; oradakiler tepesine üşüşüyor. O da sabahları erkenden kalkıyor, kendini sokağa atıyor. Akşamlara kadar Halk Bahçesi'nde dolanıp duruyor. Kuşlarla, çiçeklerle, böceklerle oyalanıyor. Bir süredir ben de okul çıkışı oraya gidiyorum. Buluşup konuşuyoruz. Bana ikide bir Sobacı Seyfi Dayı'nın kızını soruyor. Ben de bu karışıklıkta onunla uğraşmasını istemiyorum. Bunu ona da söyledim. Ama o çok kararlı. Dün bana:

"Halilcan! Sobacı Seyfi'ye git. Kızıyla görüş. Geçen gün sana anlattığım konuları sor, öğren. Sonra da gel, bana anlat." dedi. Artık gitmek zorundayım.

Bugün okul çıkışı çantamı kapıdan anneme

bıraktım. Doğru Seyfi Dayı'ya gittim. Mutlu Dede'nin evinin önünde yine bir kalabalık vardı. Ben geçerken Remziye Hanım Teyze'nin onlarla atıştığını duydum. Bekleyenlerden biri bağıra bağıra:

"Sen bu sokağın bekçisi misin be kadın? Sana ne! Sen işine bak. Ne karışıyorsun bize?" diyor. O da:

"Bu yaptığınız hem ayıp hem yasalara aykırı. Dağılmazsanız polis çağıracağım. Bilmiş olun." diyerek onları korkutmaya çalışıyordu. Beni görünce nereye gittiğimi sordu:

"Arkadaşlarla oynamaya" dedim. Ona doğruyu söyleyemezdim. Oradan ayrılınca polis çağırma düşüncesi kafama takıldı. Böyle bir şey doğru olur muydu?

Seyfi Dayı'nın öksürükleri sokaktan duyuluyordu. Ciğerleri sökülüyormuş gibi öksürüyordu. Kızı kapıyı açtı. Önce beni içeri almak istemedi:

"Sen daha çocuksun. Babamın hastalığı bulaşıcı. Sana da geçer diye korkuyorum." dedi. Ne kadar düşünceli bir kadın. Gözlerinin içi gülüyor bana bakarken. Bir sıcaklık duyuyorum. Konuşurken birkaç kez saçımı okşadı. Onun neden böyle davrandığını biliyorum. Beni ölen oğlunun yerine koyuyor.

"Seyyide Teyze ben seninle önemli bir şey konuşmak için geldim." dedim. O zaman beni arka bahçeye çıkardı. Mutlu Dede'nin selamını söyleyip ona öğrenmem gerekenleri sordum. Önce bir anlam veremedi. Kulağına günlerdir bir şeylerin çalındığını söyledi. "Demek ki söylenenler doğruymuş." dedi. Ben tam olarak öyle olmadığını anlatmaya çalıştım. Kafası karıştı. Yanlış bir şey söylemeyeyim diye kendimi sıkmaktan ter içinde kaldım.

"Bak, Seyyide Teyze. Mutlu Dede ne doktordur, ne de hocadır. O bambaşka biridir. Kendini insanları mutlu etmeye adamıştır. Bunu yaparken hiçbir karşılık beklemiyor. Bir de şu var. O istese de bazı kimselere yardım edemez. Ama sen onun aradığı insanlardan birisin. Ortalık biraz yatışınca seninle görüşmek istiyor. Ben bu fırsatı kaçırma derim." dedim.

Biraz daha konuştuk. Benden Mehmet Ali Amca olayını sordu. Ben de bildiğim kadarıyla anlattım. Ayrılırken baktım rahatlamıştı:

"Tamam, Mutlu Dede ne zaman derse o zaman gider, onunla görüşürüm." dedi.

Sevinerek eve dönerken hava kararıyordu. Remziye Hanım Teyze pencere nöbetini sürdürüyordu. Mutlu Dede evindeydi. Işığı yanıyordu. Ona uğramadım. Remziye Hanım Teyze'ye iyi akşamlar, dileyip hoplaya zıplaya yürüdüm. Olanları Mutlu Dede'ye yarın Halk Bahçesi'nde anlatacağım.

Polis Baskında

Okul çıkışı doğru Halk Bahçesi'ne gittim. Mutlu Dede'yle her zamanki oturduğumuz karaağacın altına baktım, yoktu. Bir yere gitmiştir, gelir şimdi, dedim, bekledim.

Benim o saatte oraya geleceğimi biliyordu. Önemli bir şey olmasa kesinlikle buradan ayrılmazdı. Aklıma kötü düşünceler gelmeye başladı. Hasta mı oldu? Evine gelenlerden biri ona bir şey mi yaptı? Ne oldu? Yarım saat kadar bir o yana, bir bu yana dolanarak oyalandım. Zaman geçtikçe içime bir kurt düştü.

Hızlı adımlarla mahalleye yürüdüm. Daha sokağın başında arkadaşlarımdan biri yolumu kesti. Üzüntülü bir sesle:

"Mutlu Dede'ni polisler tutukladı." dedi. Annemi de Remziye Hanım Teyze'yi de götürmüşler. Yüreğim ağzıma geldi. Hemen eve yürüdüm Gerçekten annem evde yoktu. Çantamı kapıdan bırakıp Merkez Karakolu'na koştum. Soluk soluğa kalmıştım. Binanın önünde bizim sokaktan kadınlar, erkekler, çocuklar merak içinde bekleşiyorlardı. Annemle Remziye Hanım Teyze, bir de Mehmet Ali Amca içeride tanık olarak ifade veriyorlarmış. Ben hemen kapıdaki nöbetçi polisin yanına gittim. Kendimi tanıttım. "Mutlu Dede'yi görmeye geldim." dedim. Önce beni içeri almak istemedi. Ben çok üsteleyince Polis Amca:

"Bekle." dedi, içeri girdi. Birkaç dakika sonra yanında bir arkadaşıyla geri döndü:

"Bu mu o çocuk?" dedi, yeni gelen. Sonra bana döndü:

"Senin adın Halilcan mı yoksa?"

"Evet, Polis Amca. Mutlu Dede'ye ne yaptınız? Onu görebilir miyim?"

"Dur bakalım, ufaklık. Burada soruları biz sorarız. Dede'ne bir şey yapmadık. İfadesi alınıyor yalnızca. Suçsuzsa salınır. Düş önüme bakalım."

"Mutlu Dede çok iyi biridir. Kimseye zararı yok onun. Bırakın adamcağızı, üzmeyin."

"Ne çok konuşuyorsun sen. Sus da yürü. İşimiz var."

Onu kızdırmamak için sustum. Bir sürü yerden geçip bir odanın önünde durduk. Kapısı açıktı. Annemi gördüm. O da beni görünce kalkıp yanıma geldi. Bana sarılıp yanaklarımdan öptü:

"Üzülme oğlum! Hepsi geçecek. Mutlu Dede yine aramıza dönecek." dedi.

Diğerleri sorgulanıp ben gelmezden az önce bırakılmışlar. Odadaki Polis Amca söyledi:

"Onların ifadeleri alındı. Anneninki de bitti. Geldiğin iyi oldu. Şimdi sıra sende." dedi. Annemi dışarı çıkardılar. Kadıncağız yanımda kalmak için çok direndi, yalvardı:

"Sessizce otururum, hiçbir şey demem." dedi. İzin vermediler. Kapının yanında beklemesini söylediler. Bunlar olurken bir an korktuğumu hissettim. Fakat kendimi çabucak toparladım. Mutlu Dede için her şeye katlanacaktım.

Bir saate yakın sürdü sorgulama işi. Önce olanları en baştan anlattırdılar. Mutlu Dede'yle nasıl tanıştığımı, onunla nasıl arkadaş olduğumu anlattım. Onunla birlikte olduğumuz zamanlar neler konuştuğumuzu, onun geçmişi hakkında neler bildiğimi... Dönüp dönüp aynı şeyleri sordular. Ben de tekrar tekrar yanıtladım. Bazen şaşırdığım oldu. Aynı sorunun daha önce sorulup sorulmadığını düşünürken duraladığımı görünce daha çok üsteliyorlardı. Sonunda elime bir kağıt verdiler. Okumamı istediler:

"Oku bakalım. Anlattıklarını doğru yazmış mıyız?"dediler. Yazılanları biraz inceledikten sonra gösterilen yeri imzaladım.

Artık gidebileceğimi söylediklerinde anneciğim hızla içeri daldı. Ağlayarak bana sarıldı. Sonra ikimizi de yine bir polis amca çıkış kapısına kadar getirdi. Bize dışarıyı gösterdi; "Gidebilirsiniz." dedi. Ben:

"Mutlu Dede de gelecek mi?" diye sordum.

Yüzüme; "Çok uzattın ama!" der gibi baktı. Ağzından zorla birkaç sözcük döküldü. Dede bir süre onların konuğu olacakmış. Çok üzüldüm. Açık havaya çıktığımızda karanlık bastırmıştı. Fakat bizimkiler hala bekliyorlardı. Babam da onların arasındaydı. Hep birlikte mahalleye yürüdük. Birkaç adım uzaklaşınca soru yağmuru başladı. Annem içeride olanları kısaca anlattı. Ben de bir şeyler ekledim.

Bekleyenler bizden önce çıkan Remziye Hanım Teyze'yle Mehmet Ali Amca'dan da bazı bilgiler almışlar. Fakat yine de akıllarına takılan oldukça sorup durdular. Yol boyunca konu kapandı, kapandı, açıldı. Hepimizin kafasında ortak bir düşünce yuvalanmış, içimizi kemiriyordu. "Mutlu Dede'ye ne olacak?" Bize göre o suçsuzdu. Kimseye bir kötülüğü olmamıştı. Tam tersine elinin erdiğince, dilinin döndüğünce herkesin yardımına koşmuştu. Ayrıca aklımızı kurcalayan bir de ortak kuşku vardı: "Onu polise kim şikayet etti?" Bu bizim sokaktan biri olamazdı.

Herkes buna benzer düşüncelere dalmış, sessizce yürüyordu. Sokağın başına kadar suskunluk içinde geldik. Evlerimize dağılırken birbirimizden:

"Bunu yapsa yapsa Mutlu Dede'ye gelenlerden biri yapmıştır." diyerek ayrıldık.

Üç hafta boyunca her gün okul çıkışı Mutlu Dede'yi görmeye gittim. Daha doğrusu karakola gidip sordum. Bana nerede olduğunu söylemiyorlardı. Ama:

"Deden çok iyi, üzülme. Biz geldiğini de selamını da ona iletiriz." diyorlardı. Sabahları da bizim sokaktan o gün işi olmayan beş, on kişi uğruyordu karakola. Onları da:

"Dedenin sağlığı, keyfi yerinde. Dosyası inceleniyor. Suçu yoksa salınır." gibi sözlerle başlarından savıyorlarmış.

Bugünlerde hepimizin canı çok sıkkın. Evlerde, sokakta, kahvede günlerce bu konu tartışıldı. Kimsenin gönlü dedenin içeride tutulmasına razı değil. Küçük büyük herkes ondan hep güler yüz görmüştür. Kimse onun birine kötülük yaptığını söyleyemez. İçimizden pek çoğuna da büyük iyilikleri dokunmuştur. İnsan olan gördüğü iyiliğin altında kalmaz. Bu yüzden polisler onu götürdüklerinde sokakta kim varsa hepimiz severek ifade vermeye gittik.

Şimdi onlardan ikisi, üçü bir araya gelince ne yapar eder konuyu sorgulamaya getirirler. Sonra da orada neler sorulduğunu, sorulara ne yanıtlar verdiklerini ballandıra ballandıra anlatırlar.

İfademi alırken beni de art arda sorularla çok sıkıştırdılar. Ama en çok Balıkçı Mehmet Ali Amca ile Remziye Hanım Teyze'yi zorlamışlar. Dün okul dönüşü bizim evde annemler konuşurlarken duydum. Üzülmeyeyim diye benim yanımda Mutlu Dede'nin kurtulacağını, en kısa zamanda eve döneceğini söylüyorlar.

Fakat ben yanlarından uzaklaşınca farklı şeyler anlatıyorlar. Odada ödevlerimi yapıyordum. Mutfağa su içmeye gittim. Annem Remziye Hanım Teyze'ye anlatıyordu. Öyle dalmışlardı ki benim yaklaştığımı fark etmediler. Ben de biraz yana çekilip dinledim. İkisinin de hiç umudu yok. Mutlu Dede'nin cezalandırılacağını düşünüyorlar. Hele Mehmet Ali Amca' ya yapılanları duyunca benim de içime bir korku düştü:

"Bu adam seni okuyup üfledi mi? Ne yaptı da iyileştin? Söyle yoksa seni de ona ortaklıktan içeri atarız..." gibi sözler söylemişler. Mehmet Ali Amca yeminler etmiş. Onun bir üfürükçü olmadığını anlatmaya çalışmış. Ama adamlar ona hiç inanmamışlar.

Ya annemin kendisine sorulanları anlatırken duyduğum şeye ne demeli? Komiser ona sert bir ifadeyle sormuş:

"Oğlun Halilcan bu adama yardakçılık mı yapıyor?"

Kadıncağızın başından aşağı kaynar sular dökülmüş. Ben yardakçılığın ne demek olduğunu bilmiyordum; ama annemin sözlerinden onun kötü bir anlamı olduğunu anlamıştım. Sonra sözlüğe bakınca yanılmadığımı gördüm; yasal olmayan işlerde birine yardım etmekmiş. Ne yardakçılığıymış bu? Mutlu Dede'nin kimseye bir kötülüğü olmadı ki yardakçıya gereksinimi olsun. Kapısına dayananları, onlara bir yararının olamayacağını söyleyip hep geri yollamıştır.

Bu sabah okula giderken kahvenin önünde bir kalabalık gördüm. Bizimkiler yine karakola gidecekler de onun için toplanmışlardır, diye düşünüyordum ki Mutlu Dede'yi görür gibi oldum. Elim ayağıma dolaştı. İnsanların arasına nasıl daldığımı bilemedim. Yanılmamıştım. Oydu. Sonunda kanıt yetersizliğinden salıvermişler. O da beni görünce çok sevindi.

Herkese teşekkür etti. Hava güzeldi. İçerideki sandalyeler dışarı çıkarıldı. Göz açıp kapayıncaya kadar morsalkımın altı doldu, iğne atsan yere düşmezdi. Bu yaşlı ağacın dallarından öbek öbek sarkan mor çiçeklerden mis gibi kokular yayılıyordu. Herkes Mutlu Dede'ye bir şeyler sorma yarışındaydı. Adamcağız yorgun olmasına karşın kimseyi kırmadan tüm soruları yanıtlıyordu. Bazen de o soruyor biz anlatıyorduk. Ne de olsa bir aydan fazladır burada yoktu.

İlk derse geç kalmıştım. Öğretmenim kızdı biraz:

"Halilcan neler oluyor? Sen böyle şeyler yapmazdın. Hem şu son günlerde sende yine bir durgunluk var. İlgin de dağınık. Seninle dersten çıkınca konuşalım." dedi.

Önce çok korktum. Ne söyleyecektim ben şimdi ona? Geçen ay karakolda sorgulandığımın ertesi günü her şeyi anlatmıştım. Daha ne ister? Bilmem ki? Kafam buna benzer sorularla doluydu. Öyle dalmışım ki zil sesini duyunca kendime geldim. Sınıftan çıkarken öğretmenim koluma girdi. Birlikte bahçeye çıktık. Fıstık çamının altındaki kütükten yapılmış oturağa oturduk. Kararımı vermiştim. Saklamadan, gizlemeden her şeyi sil baştan anlattım.

Aslında söylediklerimde Mutlu Dede'nin bugün salındığından başka yeni bir şey yoktu.

Çanakkale küçük bir yer. Yerel gazetelerde, televizyonlarda olay fotoğraflı, görüntülü olarak verilmişti. Bu yüzden herkes her şeyi biliyordu. İlk anda biraz ilgi çekmiş, sonra birkaç gün içinde, olanlar unutulmaya yüz tutmuştu.

Öğretmenim bu konudan dolayı benim başıma bir şey gelmesinden kaygılanıyordu. Bunu gene söyledi:

"Bak Halilcan! Ben, sana bir şey olur diye korkuyorum. Bu adamla daha birkaç aydır tanışıyorsun. İnsanları tanımak sandığın kadar kolay değil. Bence daha dikkatli olmalısın. Adam kötü niyetli olmasa bile insanlara iyilik edeyim derken zarar verebilir..." dedi.

Öğretmenim ders işler gibi örnekler vererek daha pek çok şey anlattı. Onu çok seviyorum. Ona ailemden biri kadar güveniyorum. Bu sözlerin altında benim için duyduğu kaygıdan başka bir şey olmadığını iyi biliyorum.

Bugün okulda zaman geçmek bilmedi. Öğle arası annem izin vermediğinden gidip Mutlu Dede'yi göremedim. Haklıydı kadın. Adamcağız kaç gündür evinden uzaktaydı. Kim bilir orada hangi koşullarda yaşadı? Bu sabah yorgunluğu yüzünden okunuyordu.

Ne olursa olsun ben de onu çok merak ediyordum. Öğleden sonra annemin yüzüne öyle bir baktım ki kadıncağız olmaz diyemedi. Bir koşuda soluğu Mutlu Dede'nin evinde aldım. Yine de kapıyı hemen çalamadım. Duraladım biraz. İçimden bir ses durmanın zamanı değil diyordu. Daha fazla dayanamadım, çaldım zili, girdim içeri. Yeni uyanmış; ama hala yatağındaydı. Bu tutukluluk onu çok yormuş. Yattığı yeri bilememiş. O buraya ilk geldiği gibi değil artık. Eski dinçliği kalmadı.

"Tanrım kimseleri oralara düşürmesin. İsterse yıkık dökük olsun, insanın kendi evi olsun." dedi. Annemin gönderdiği bulgurlu yaprak sarmalarını birlikte yedik. Bana orada geçirdiği günleri anlattı. Onları bir an önce unutmak istediğini söyledi. Sonra da zamanının kısıtlı olduğunu, onu da geçmişte yaşadığı şeylerle boşa geçiremeyeceğini ekledi. Bazen öyle şeyler söylüyor ki bilmece gibi geliyor bana; anlamakta zorlanıyorum:

"Sana bir gün her şeyi anlatacağım. Fakat henüz erken." dedi, ben ayrılırken. Nedir onlar? Neden şimdi anlatmıyor? Daha neyi bekliyor? Bilemiyorum. Meraktan çatlayacağım. Hep özel bir görevden söz ediyor. Bir de sık sık karısıyla konuşuyor. Kadın yetmiş dört yıl önce ölmüş. Ama onu hala unutamamış. Kimi zaman içime bir korku düşüyor. İnsanın yıllar önce ölmüş birisiyle karşısındaymış gibi konuşması ürkütücü geliyor. Sonra karısını çok sevdiğinden böyle yaptığını düşünüyor, ona hak veriyorum.

Sıklıkla tanık olduğum bir şey daha var; en kısa zamanda bitmesini istediği bir ceza bu. Bugün de böyle bir şeyler söyledi. Ellerimi yıkamaya gitmiştim. Ya o çok dalgındı ya ben sessiz gelmiştim. Beni duymamıştı. Kapının önünde kalakaldım:

"Şerifem! Cezamın bitmesine az kaldı. Sana kavuşacağım günü iple çekiyorum. Ama bunun için biraz daha beklememiz gerek. Çevremdeki insanlara zarar vermek istemiyorum. Biliyorsun yanlışlıkla bir kişiyi mutsuz edersem yanına gelebilmem için en az on kişiyi mutlu etmem gerekecek. Oysa benim o kadar mutlu anım kalmadı ki..."

Tam o sırada beni fark etti. Sustu. Meraklı bakışlarıma aldırmadı. Konuyu değiştirdi:

"Annenin ellerine sağlık. Sarmalar çok güzel olmuş. Benden ona selam söyle..." dedi.

Geldiğimden beri onun sözleri kulaklarımda yankılanıyor. Ona bu cezayı kim verdi? Neden verdi? Suçu o kadar mı büyüktü? Bu sorulara yanıt arıyorum; ama bulamıyorum. Babama söyleyemem; fakat duyduklarımı anneme anlatsam nasıl olur? Çok kararsızım. Babam çabuk parlar. O an aklına geleni yapar. Bu dayak bile olabilir. Sonunu pek düşünmez yaptığı davranışın. Annem öyle değil. Enine boyuna düşünmeden bir işe kalkışmaz. Onu kuşkulandırmadan anlatmalıyım.

Mutlu Dede Hastalanıyor

Öğlen arasında okuldan eve gelince annemi düşünceli gördüm. Mutfaktaydı. Çorba yapıyordu; sütlü çorba. Bizde pek seyrek pişirilir. Ben de çok severim. Annemin çevresinde dolanmaya başladım:

"Senin yemeğin başka. Boş yere bekleme, sana bundan veremem. Zaten iki kaşık şey. Adamcağıza ancak yeter." dedi.

"Kime?"

"Kimeyse kime. Sen düşünme bunları. Yemeğini ye de okuluna koş."

"Sen benden bir şey saklıyorsun."

"Oğlum, önemli bir şey yok. Üzülmeyesin diye söylemek istemedim."

"Yoksa Mutlu Dede mi hasta? Nesi varmış?"

"Bilmiyorum. Bir saat önce Remziye Hanım Teyze'ye uğradım. O söyledi. Bu sabah yataktan çıkamamış. Çok bitkinmiş..."

"Durumu ağır mıymış?"

"Yok oğlum. Sonra ben de gittim. Konuşuyor, yiyip içiyor... Bak, sana ne diyeceğim; yorgunluktandır. Bir aydan fazla tutuklu kaldı ya ondandır. Kolay mı? Kim bilir neler yaptılar adamcağıza?"

Öyle üzüldüm ki anlatamam. Annemden izin koparamadım. Mutlu Dede'yi göremedim. Bu beni daha çok kaygılandırdı. Öğleden sonraki derslerden aklımda hiçbir şey kalmadı. Son zilin çalmasını iple çektim. Duyar duymaz kitaplarımı çantama tıkıştırdım. Apar topar çıktım yola. Dede'nin evinin önüne nasıl geldiğimi bilemedim.

Beni bekliyordu. Öyle olunca kapıyı aralık bırakır. Ayak sesimi duyar duymaz seslendi:

"Geldin mi Halilcan?" Kulağıma sesi iyi geldi. Sevindim. Korktuğum kadar ağır değilmiş. Yanına vardığımda yatmıyor, oturuyordu. Geçmiş olsun, dedim. Gülümseyerek başını salladı. Usulca:

"Sağ ol, oğul." dedi. Daha ben bir şey demeden ne soracağımı biliyormuş gibi:

"Bu tutukluluk beni çok hırpaladı, oğul. Yaşlılık işte. Gençliğe benzer mi?" dedikten sonra gözlerime baktı. Benden bir haber bekliyordu, belli. Birden anımsayamadım." O sorunca utandım. Daha bu yaşta böyle unutkanlık olur mu?

"Sobacı Seyfi'nin kızı buralarda mı?"

Boş bulunup gitti, dedim. O kadar olsa gene iyi. Babasını da almış, götürmüş. Sabahleyin giderlerken annem görmüş, demez miyim? İşin kötüsü orada da bırakmadım. Seyyide Teyze'nin:

"Mutlu Dede'den bize hayır yok. Buralarda daha fazla perişanlığımız çıkmadan gidelim." Sözlerini de ekledim. Yapılacak şey miydi bu! Koca adam nasıl da fırladı ayağa. Yüreğim ağzıma geldi. Zangır zangır titremeye başladı. Sonra çöktü yere; ağladı, ağladı. Ben donup kalmıştım. Durmadan:

"Yandım ben Halilcan!" diyordu. Ne yapacağımı şaşırmıştım. Annemi mi çağırayım? Remziye Hanım Teyze'ye mi koşup haber vereyim, bilemedim.

Ben öyle sağa sola koşuştururken Mutlu Dede'nin ağlaması kesildi. Bir süre iç çekip bir şeyler mırıldandı. Sonra bana seslendi:

"Halilcan! Gel yanıma otur. Sana önemli bilgiler vereceğim."

"Peki, Mutlu Dede."

Sonunda yakından tanıyabilecektim onu. Buna çok sevindim. Dolanmayı bırakıp hemen yanı başına oturdum.

"Sana daha önce de anlattıklarım oldu, biliyorsun. Fakat çok şeyi bilerek üstü kapalı geçtim. İşte zamanı geldi. Artık sana tüm yaşamımı açık açık anlatmalıyım. Sen cesur bir çocuksun. Beni çok iyi anladığını biliyorum..."

En sevdiğim ders başlıyormuş gibi oturuşumu düzelttim. Bakışlarımı onun gözlerine yönlendirdim. Dinlemeye hazır olunca başımı hafifçe öne eğip kaldırdım. Tane tane anlattı. Onu dinlerken çok heyecanlandım. Hiç bilmediğim şeylerden söz ediyordu. Önce yine yüz kırk dokuz yaşında olduğunu söyledi. Ölümlü birinin yani bir insanın bu kadar uzun yaşamasının olanaksız olduğunu belirtti. Sonra:

"Ben Uzunyaşarlar Ülkesi'nde doğdum. Bizim orada bebeklik çağı yirmi yıl sürer. Bir o kadar da çocukluk çağı. Ondan önce dünyaya gönderilmemiz yasaktır." dedi.

Uzunyaşarlar Ülkesi diye mırıldandım. Hiç duymamıştım. Neresidir, nasıl bir yerdir? Yüzüne şaşkın şaşkın baktığımı görünce başını iki yana salladı:

"Bakma bana öyle oğul! Bundan daha açık anlatamam." dedi. Yine de onu anladığımı söyledim. Sevindi.

"Ben dünyayı çok sevdim. Benim gibi gençliğe yeni adım atmış bir Uzunyaşar için burası çok eğlenceli bir yerdi. Biz herkesi görürüz. Canımızın istediği her şeyi yaparız. Ama insanlar bizi göremez, duyamaz. Böyle diyorum ya aslında yapabildiklerimiz sınırsız değil. Ülkemizin değiştirilemez kuralları vardır. Bunları çiğnememek koşuluyla dilediğimiz gibi davranmakta özgürüz.

Örneğin, insanlara kötülük edemeyiz. Yani onların canlarını yakamayız, onlara mutsuzluk veremeyiz. Oğul, dünya bizim için tam bir sınav yeridir. Burada en çok yüz yaşına kadar kalabiliyoruz. Bu süre içinde hiç kimseyi mutsuz etmezsek ya da kuralları hiç çiğnemezsek ülkemizde sonsuza kadar yaşama hakkını elde etmiş oluruz. Yani insanları mutlu etmek bizim ömrümüze ömür katar. Örneğin ben dünyaya geldiğimde dedemin dedesi hala yaşıyordu, biliyor musun? Ama bunun tersi olarak her mutsuz ettiğimiz kişiye karşılık ömrümüzden on yıl eksiltilir..."

Dayanamadım sordum:

"Uzunyaşarlar Ülkesi nasıl bir yer?"

Orası sessiz, sakin, çok temiz. Fakat sıkıcı. Orada heyecan yok. Değişim yok. Her şey binlerce yıldır nasılsa öyle duruyor. Bu yüzden yirmi yaşına basan her Uzuyaşar dünyaya gelmek için can atar. Sonra nasılsa geri dönüp tekdüze bir yaşam sürecektir..."

"Bu durumda sizin orada bebeklerle yaşlılar yaşıyor demektir."

"Doğru. Bir de cezalı olup dünyaya gelemeyen az sayıda yetişkin var. Çocukluktan ergenliğe geçmiş bir Uzunyaşar'ı yüz yıl sonra gördüğünde de aynıdır; hemen tanırsın. Oysa burada her şey değişiyor. Hem de çok hızlı. Bir bebek doğuyor. Bize göre göz açıp kapayıncaya kadar büyüyor. Bir tohum ekiyorsun. Çabucak bir bitkiye dönüşüyor, meyveler, tohumlar veriyor. Günler kısacık. Bir bakmışsın geceyken gündüz oluvermiş, güneş doğuyor. Ne olduğunu anlayamadan hava kararıyor, akşam başlıyor. Yağmuru var; karı, rüzgarı var. Üşümeyi, terlemeyi burada yaşadım; gökkuşağını ilk burada gördüm..."

Her duyduğum şey beni şaşırtıyordu. Uzunyaşarlar Ülkesi'ni çok merak ettim. Ama ondan önce öğrenmem gerekenler vardı. Mutlu Dede madem bir Uzunyaşar'dı öyleyse neden durmadan ölmekten söz ediyor? Acaba ömrünün sonuna mı geldi? Bunu ona da sordum:

"Acele etme. Yavaş yavaş anlatacağım. Çocukluğumu dünyada tamamladım. Yirmi yıl geçmişti. Artık ben de yetişkin bir Uzunyaşar olmuştum. İnsanları mutlu edebilecektim. Her sevindirdiğim insana karşılık ömrüm biraz daha uzayacaktı. Bu işin güzel yanıydı. Ancak değişmez kurallarımızı unutmamam gerekiyordu. Çocuklukta yaptığımız yanlışlar hoşgörüyle karşılanırken ergenliğe geçince hiçbir yanlış davranışımız bağışlanmayacaktı.

Ben yine de dünyada yaşamayı çok seviyordum. Tam bir delikanlı olmuştum. Annem dedeme çektiğimi söylerdi. Saçlarım onunkiler gibi kumraldı. Biraz da dalgalıydı. Bakma şimdi böyle ağarık, dökük olduklarına.

Mavi gözlerimi de ninemden almışım. Senin anlayacağın Uzunyaşar kızlarının tam aradığı biriydim. Çevremde dolanıyorlardı. Çünkü biz elli yaşından önce evlenirsek çocuk sahibi olabiliyorduk. Önümüzde on yıl vardı. Bu da çok uzun bir süre sayılmazdı bizim için. Yine de ben pek acele etmiyordum. Belki de dünyalı kızları daha güzel bulduğumdan olacak; Uzunyaşarlar arasından kimseyi beğenmiyordum.

İşte o günlerde çok güzel bir kızla tanıştım ya da tanıdım desem daha doğru olacak. Çünkü biraz önce dediğim gibi o beni göremiyor, duyamıyordu. Daha ilk görüşte ona kanım ısınmıştı. Günlerce onu izledim. Uzunca boylu, iri kara gözlü, güler yüzlü biriydi. Örgülü saçları beline kadar uzanıyordu. Dallı güllü, çok renkli giysileri vardı. Ona da çok yakışıyordu. Güzel olduğu kadar becerikliydi de. Onunla arkadaş olmak isteyen yakışıklı delikanlılar çevresinde dolanıyordu..."

Mutlu Dede onları kıskanmış. Ancak Uzunyaşarlar Yasası gereği onlara zarar veremiyor, onları mutsuz etmekten korkuyormuş. Böyle yaparsa başına gelecekleri çok iyi biliyormuş. İşin kötüsü aynı nedenlerden dolayı kıza da görünemiyormuş. Bu uzaktan uzağa aşk, bu gizli sevgi bir yıl kadar sürmüş. Sonunda dayanamamış ailesine açılmaya karar vermiş. Annesi hiç düşünmeden karşı çıkmış:

"Delirdin mi sen oğlum? Bunları sakın başkalarının yanında anlatma. Uzunyaşarlar Kurultay'ının kulağına giderse sana verilecek cezayı biliyorsun..."

Mutlu Dede kararlıymış. Annesine o kadar çok yalvarmış ki kadıncağız istemeyerek de olsa oğlunun dileğini kabul etmiş. Ülkenin değiştirilemez kurallarına göre ergenlikte beş yılını doldurmamış bir Uzunyaşar'ın ölümlülere görünebilmesi için anne ya da babasının onayı gerekiyormuş. Fakat o da yetmiyormuş. Ayrıca ona söylenen üç koşula uyması zorunluymuş. Ancak o zaman kurultay izin veriyormuş. Yoğun uğraşılar sonunda izin almayı başarmışlar.

Birincisi yalnız bir haftalığına görünür olabilecekmiş. İkincisi; kıza yerine getiremeyeceği hiçbir söz vermeyecekmiş. Son koşul; onu mutsuz edecek bir davranışta bulunmayacakmış.

Mutlu Dede her şeye razıymış. Aklında tek bir düşünce varmış. O da izin koparmak. Gerisini hiç umursamıyormuş. Ertesi sabah gün doğarken Kazdağı'nın en yüksek tepesine inmiş. Güneşin altın sarısı ışıkları gökyüzünü aydınlatırken o soluduğu havayı dolduran kekik, ıhlamur kokularını içine çekiyor, sevdiği kızı düşünüyormuş. Bu arada ezgileriyle insanın ruhunu okşayan kuşların sesini dinliyor, her biri doğaya ayrı bir güzellik katan renk renk çiçeklerin, irili ufaklı böceklerin, ulu ulu ağaçların uyanışını izliyormuş. Çok mutluymuş. Saatler ilerledikçe kavuşma zamanının yaklaştığını düşünüp heyecanlanıyor, eli ayağına dolaşıyormuş. Bunlar onun ilk kez tattığı duygularmış.

Beklediği an gelmiş. Dağın yamacında türküler çağırarak gezinen sevgilisini görmüş. Belli etmeden ona doğru ilerlemiş. Ağaçların arasına gizlenerek bir süre onu izlemiş.

Üzerinde yine dallı güllü bir entari, başında iğne oyalı bir yemeni varmış. Kır çiçekleri gibiymiş. İnce belik örgüsü saçları beline kadar iniyor, o yürüdükçe salım salım sallanıyorlarmış. Küçücük ayaklarıyla seke seke yürüyor, güzel sesiyle kuşlar gibi şakıyormuş.

Onu böyle izlemenin zevkine doyamıyor; fakat zorla kopardığı kısacık iznini de boşa harcamak istemiyormuş. Kızı korkutmadan ona nasıl görüneceğini düşünüyormuş. Bunun için uygun bir ortam, geçerli bir neden bulmaya çalışıyormuş.

Sonunda bulmuş. Kazdağı'nın güzel bitkilerinden yüksükotu çiçeklerinden bir demet toplamış. Kızın yolu üzerindeki bir göknar ağacının altına oturmuş.

Sonra da bu yaban güzelinden daha önce dinlediği bir türküyü söylemeye başlamış. Ama alışkın olmadığından pek becerememiş. Kız onu duyunca irkilmiş. Donup kalmış. Bir süre bakışlarını Mutlu Dede'nin gözlerinden alamamış. O güne değin böyle yakışıklı birini görmediği belliymiş:

"Ben de o zamanlar gerçekten yakışıklı biriydim. Selvi gibi uzun boyluydum. Güçlü kuvvetliydim. Güzel giyinmeyi seviyordum. Konuştuğumda kendimi dinletirdim. Beni iyice bir süzdükten sonra göknar ağaçlarının arasına seğirtti. Ben durur muyum?

Elimde çiçek demeti, hemen ardından koştum. O kaçtı, ben kovaladım. Sonra bir subaşında durdu.

Yüksekten gürül gürül akan bir çavlanın oluşturduğu küçük bir gölcüktü bu. Buz gibiydi suyu. Önce o elini yüzünü yıkadı. Yanakları al al olmuştu. Büyükçe bir göknarın gövdesine yaslanıp oturdu. Çiçekleri eline tutuşturdum. Sevindi, güldü. Sonra ben de yıkanıp serinledim. Onun karşısına bir ağaç kütüğüne sırtımı verip yere bağdaş kurdum..."

Akşama kadar bir o sormuş, kız yanıtlamış. Bir kız sormuş, o yanıtlamış. Sabahleyin birbirlerine iki yabancı olan bu gençler ayrılırken kırk yıllık tanışık gibiymişler. Ertesi gün de daha sonraki günler de aynı yerde buluşmuşlar. El ele, kol kola o dere senin, bu tepe benim dolaşmışlar:

"...Bu dünyada zaman çabuk geçiyormuş oğul. Bir hafta göz açıp kapayıncaya kadar akıp gitti. Daha Şerife'mle birbirimize doyamamıştık. Bu kısacık süre içinde bundan önce hiç tatmadığım duyguları yaşadım. Birinin yolunu gözlemenin, bir kızın elini tutup saçını okşamanın o kadar heyecan verici olduğunu bilmiyordum..."

Mutlu Dede bir haftada yaşadığı deneyimle sevmeyi, özlemeyi öğrenmiş. Daha önce onun hiç bilmediği pek çok şeyi çocuklar gibi eğlenerek yapmışlar. Kestane ağaçlarına tırmanmışlar. Yemyeşil çimenlerde yatıp yuvarlanmışlar. Kız ona papatyalardan taç yapmayı öğretmiş. Karınları acıkınca böğürtlen, güvem, kocayemiş toplayıp yemişler. Derelerden alabalık avlayıp pişirmişler.

Güneş yükselip yeryüzünü kavurmaya başladığında Ayazma'nın buz gibi suyuna girip yıkanmışlar. Kayalardan aşağı yuvarlanan çavlanın gürültüsü, kayın ağaçlarının dallarında oynaşan kuşların cıvıltısına karışıyormuş. Dede çok mutluymuş; ancak kendisine tanınan sürenin hızla azalmakta olduğu aklına geldikçe içini burukluk kaplıyor, yüzü gölgeleniyormuş. Bunu fark eden Şerife ne olduğunu sordukça ona:

"Seni öyle çok seviyorum ki yitirmekten korkuyorum." diyormuş.

"Zaman daraldıkça içime çöreklenen korku büyüyor, tüm neşemi söndürüyordu. Bu da ilk kez yaşadığım; ama hiç sevmediğim bir duyguydu. Ayrılık zamanı hızla yaklaşıyor, elim ayağıma dolaşıyordu. Kurallar kesindi bizim dünyamızda. Hiç kimseye ayrıcalık tanınmazdı. Yasayı çiğneyen cezayı yerdi, hem de acımasızca. O gün son günümüzdü. Güneş ufka doğru alçalıyordu. Kararımı bir an önce vermem gerekiyordu. Ya Uzunyaşarlar Ülkesi'ne dönecek onların sahip olduğu üstün özelliklere yeniden kavuşacaktım ya da burada kalacak bir dünyalı gibi ölümlü olacaktım..."

Mutlu Dede son ışık kırıntısı da gökyüzünden ayrılıp ortalık karanlığa gömülmeden içinden gelen sese uyup vermiş kararını:

"Evet, burada kalacaktım. Dünyada yaşadıklarımı ilginç bir deneyim olarak kabul edip Uzunyaşarlar Ülkesi'ne dönebilirdim. Ama ben Şerife'yi çok seviyordum. Öyleyse verilecek cezaya razı olup bana biçilen ömür süresince sevdiğim kadınla mutlu bir yaşamı paylaşacaktım. Bunun için yapmam gereken tek şey Şerife'min yumuk yumuk ellerini tutup onu dudaklarından öpmekti. Çabuk davranmalıydım. Onun evine, benim de ülkeme dönme zamanımız gelmiş, geçiyordu. O hem ailesini kızdırmaktan hem de ertesi gün benim yanıma gelememekten korkuyordu. Zavallı kızın hiçbir şeyden haberi yoktu. Onu üzmemek için ona gerçeği söyleyememiştim."

Mutlu Dede tüm cesaretini toplayıp büyük sabırla, çabayla yaptığı papatya tacını sevgilisinin başına koymuş sonra onun iki elini tutmuş, gözlerine bakmış. Kız da ona sıcacık, sevgi dolu bakışlarla karşılık vermiş. Mutlu Dede tam zamanıdır diyerek:

"Şerife'm sana çok önemli bir şey söyleyeceğim. Seni seviyorum!" demiş. O daha ne olduğunu anlamadan çabucak dudaklarından öpmüş. İşte o anda korkunç bir gürültü kopmuş. Bu ürkütücü ses Kazdağı'nın yamaçlarında artarak yankılanmış. Sonra her yer karanlığa bürünmüş. Başlarını gökyüzüne uzatıp bulutlara ermek isteyen ulu çam ağaçları incecik fidanlar gibi iki yana sallanıyormuş.

Ormanda ne kadar hayvan varsa çığlık çığlığa bağırıyormuş. Kapkara bir sisin içine gömülen Kazdağı'nın ayazı ikisinin de iliklerine kadar işlemiş. Mutlu Dede korkudan tir tir titreyen sevgili Şerife'sine güçlü kollarıyla sımsıkı sarılmış.

Bu sırada yukarıdan bir ışık topu inmiş, onları içine almış. Gözlerinin kamaşması geçince karşılarında dikilen yaşlı adamı görmüşler. Kapkara saçı, sakalı; incecik uzun boyuyla sisler içinden geliyormuş gibi görünüyormuş.

Mutlu Dede onu görür görmez dudaklarından şu sözler dökülmüş:

"Eyvah! Alilicemcem'i göndermişler. Kim bilir ne cezalar getirdi benim için?"

Alilicemcem onu daha fazla merakta bırakmadan söze girmiş:

"Suçun çok büyük oğul! Cezan da büyük olacak." demiş. Sonraki sözleri daha da ürkütücüymüş:

"Biliyorsun; yaptıklarının yasalarımıza göre bağışlanması olanaksızdır. Buna benim bile gücüm yetmez."

Mutlu Dede bütün bunlara razı olduğundan onu dinlemiyormuş bile. Fakat zavallı Şerife her şeyden habersiz korkular içinde olanları izliyormuş.

Alilicemcem hiçbir şeye aldırmadan anlatıyormuş:

"Ancak sen kimseye zarar vermedin. Kimseyi mutsuz etmedin. Bu nedenle sana biçilen ceza biraz hafifletildi. "

İlk cezası; bir Uzunyaşar olarak sahip olduğu ayrıcalıkların büyük bölümünün elinden alınması olmuş. Ona yüz elli yıllık bir ömür biçmişler. Mutlu Dede kendisi için bunu çok uzun bulmuş. O, sevgilisiyle güzel bir ömür sürüp onunla birlikte ölmek istiyormuş. Fakat yaşlı adam onu hiç dinlememiş:

"Diğer cezalarını sırası geldiğinde öğreneceksin." dedikten sonra geldiği gibi bir anda ortadan kaybolmuş.

"Ben bunu bekliyordum, Halilcan. Hiç üzülmedim. Şerife'mle yaşayacağım bir gün için bile bu cezaları çekmeye çoktan razıydım. Burada geçireceğim her anın tadını çıkarmak istiyordum. Şimdiden ileride neler olacağını düşünüp de yeni kavuştuğum mutluluğuma gölge düşüremezdim..."

Dediği gibi de yapmış. İlk iş olarak Kazdağı'nın yamacına yaslanmış bir köyde yaşayan kızın ailesiyle tanışmış. Tam bir ölümlü gibi yaşamayı öğrenmiş. Çevresinde kısa zamanda sevilip sayılan biri olmuş. Şerife'yle evlenmesine izin verilmiş. Güzel bir düğün yapmışlar:

"Çok mutlu olduk, Halilcan. Şerife bana dünyalar tatlısı bir eş oldu. Ertesi yıl bir kızımız doğdu. Sana daha önce de dediğim gibi Gonca'yla mutluluğumuz kat kat arttı. Yaşadığımız her günün, her anın tadını çıkarıyorduk. Hiçbir şeyin bu mutluluğu bozmasına izin vermiyorduk. Ne varlığımızla gururlanıyor ne darlığımıza yeriniyorduk. Küçücük ailemizde doğanın bize sunduğu nimetlerin değerini bilerek her şeyden sevgiler, sevinçler yaratmaya çalışıyorduk. Öylesine mutluyduk ki Uzunyaşarlar Kurultay'ının bize vereceği cezaları unutup gitmiştik..."

Fakat Kurultay onları unutmamış. Kendisini anımsatmakta gecikmemiş. Bir sabah uyandıklarında Gonca kız odasında yokmuş. Evin içini, çevresini dört dönmüşler. Herkesi ayağa kaldırmışlar, yine de bulamamışlar. Aradan günler geçmiş. Tüm umutların söndüğü bir anda karşılarına gene aynı yaşlı adam, Alilicemcem, dikilmiş. Onu görünce Mutlu Dede'yle Şerife'nin ayakları suya ermiş:

"Oğul! Bu ikinci cezan. Kızın Gonca yaşıyor. Sağlığı yerinde. Yıldan yıla sana bir mektup yazacak. Fakat onu çok uzun bir süre göremeyeceksin, üzgünüm." demiş, bir ışın demeti gibi yükselip kaybolmuş.

Gonca'nın sağ ve sağlıklı olduğunu bilmek üzüntülerini biraz hafifletmiş. Bu avuntuyla sevgili kızlarını beklemeye başlamışlar. Yaşıyor ya varsın uzakta olsun, demişler. Fakat bu o kadar kolay olmamış. Çocuk özlemi her geçen gün artarak sinsi bir yılan gibi içlerine çöreklenmiş. Yıldan yıla nereden geldiği belli olmayan birer mektup almışlar Gonca'dan. Tam yirmi yıl sürmüş bu bekleyiş.

Onu dinlerken baktım; Mutlu Dede'nin gözleri doldu, sesi titremeye başladı. "Yorulduysan anlatma." dedim. Ama başlamışken bitirmek istediğini söyledi:

"Kızımız gelince dünyalar bizim oldu. Gonca da o kadar yıl nerede yaşadığını bilmiyordu. Üstünde durmadık. Yeniden mutlu günlere döndük. Hep birlikte neşe içinde yaşayıp gidiyorduk. Yalnız bir üzüntümüz vardı; kızımız evlenmiyordu. Oysa biz torun sevmek istiyorduk. Fakat o yaşadığı yirmi yıllık ayrılıktan sonra bir daha bizden ayrılamayacağını söylüyordu. Ayrılmadı da."

"Kızın hala yaşıyor mu dede?" dedim.

"Olur mu oğul?" dedi. "O bir Uzunyaşar değildi ki. Ona benim ayrıcalıklarımın hiçbiri verilmedi. Annesinin ölümünden on yıl sonra o da beni bırakıp gitti."

Birlikte yaşadıkları o güzel günler de on beş yıl kadar sürmüş. Yine geçmişin tüm olumsuzluklarını unutmuşlar. Bir arada olmanın tadını çıkarmaya çalışmışlar. Ne olduysa çok mutlu geçirdikleri bir günün akşamında olmuş:

"Şerife'm ansızın hastalandı. Üç gün içinde iğne ipliğe döndü. Doktorlar bile nesi olduğunu anlayamadılar. Ben o şaşkınlık içinde hiçbir şeyi düşünemez olmuştum. Ancak sabaha karşı içim geçmiş, uyuyakalmışım. İşte o kısacık uyku anında gördüğüm bir rüya aklımı başıma getirdi. Korkuyla fırladım dışarı. Ne yöne gideceğimi, neden koştuğumu bilmeden bir o sokağa, bir bu sokağa giriyordum. Sonbaharın sivri dilli ayazı yüzümü yaladıkça içim serinliyor, daha bir hızlı koşuyordum. Ter yanaklarımdan süzülüyordu. Ne yaptığımı, ne yapacağımı bilmiyordum..."

İnsanlar pencerelerden başlarını uzatıp uzatıp ona bakmaya başladıklarında fark etmiş ki; "Bu da sizin işiniz! Bu da sizin işiniz!" diye bağırıyormuş. Bir süre böyle bilinçsizce dolaştıktan sonra evine döndüğünde kapının eşiğinden içeri adımını atar atmaz Uzunyaşarlar Kurultayı'nın yaşlı elçisi, soğuk yüzlü Alilicemcem yine dikilivermiş karşısına.

Onu görünce Mutlu Dede'nin içinde korkuyla karışık bir umut belirmiş. Başlamış yalvarmaya:

"Karımı bana bağışlayın. Ya da benim de canımı alın. Onunla birlikte yaşarsam bu dünya güzel. Ben onun için ülkemi, ailemi, üstün özelliklerimi bıraktım da geldim. O olmadıktan sonra benim burada kalmamın anlamı yok..." demiş. Ülkesinin yasaları öylesine katı, öylesine acımasızmış ki onun bu sözlerinin hiçbir yararı olmamış:

"Oğul!" demiş, yaşlı adam. "Yarın karının son günü. Bu gece onunla helalleş. Şimdilik bu ceza yeter sana. Gerisini sırası gelince söylerim. Ama unutma! Kurallar koyulmuştur. Hiç kimsenin hatırına değiştirilemez. Benim için bile..."

Mutlu Dede o geceyi sevgili karısının başucunda geçirmiş. Gözlerini bile kırpmamış. Onun solgun yüzüne bakmış, gümüş tellerini andıran uzun saçlarını okşamış. Otuz beş yıl önce onun gönlünü çalan güzeller güzeli Şerife'sinin soluk alışları gittikçe yavaşlamış. Gün doğarken derin bir soluğun ardından göğsü kabarıp alçalmaz olmuş.

"Acım o kadar büyüktü ki Kazdağı'nın en yüksek tepesine çıkıp oradan tüm dünyaya bağırmak geliyordu içimden; 'Böyle ceza mı olur? Haksızlık bu!' demek istiyordum. Meğer yanılmışım daha ağırları da varmış. Sevgili karımdan ayrı geçirdiğim üzüntü dolu kırk birinci gecenin sabahıydı. Günün ilk ışıkları yeryüzünü aydınlatmaya başladığında Kurultay görevlisi, o yaşlılar yaşlısı Alilicemcem bir kez daha dikildi karşıma..."

O soğuk bakışlı yaşı belirsiz adamın buz gibi yüzünde belirgin hiçbir anlam ifadesi yokmuş. Mutlu Dede'ye son cezasını söylemeye gelmiş:

"Oğul! Sana cezalarının sonuncusunu bildirmeye geldim. Ne yazık ki bu en ağırı. Önünde yetmiş beş yılın var. Bu süre içinde hiç kimseyi mutsuz etmeyeceksin. Dünyadan ayrılırken yaşadığın tüm mutlu anılarını burada bırakacaksın. Onları mutsuzlar arasından seçeceğin kişilere vereceksin. Onların da kötü anılarını alacaksın. Bunlar senin omuzlarında birikerek taşınması zor bir yük olacak. Ama sen öf bile demeyeceksin." diyerek Mutlu Dede'ye yedi taşlı bir bilezik uzatıp sis bulutu içinde yitip gitmiş.

"Dede, bütün Uzunyaşarlar senin gibi mi yapar?" dedim.

"Hayır!" dedi. "Onlar benden farklı. Ben cezalı olduğum için onlar gibi yapamıyorum. Kurallara uyan Uzunyaşarlar insanları onlara zarar verecek olaylardan korurlar. Onların zor işleri başarmalarına yardım ederler. Ne bileyim adam iş arıyordur. Nereye başvuracağını bilmez. Bizimkiler onu bir şekilde yönlendirirler. Adam sonunda kendine uygun bir iş bulur. Sonra da buna şans der.

Ya da bunu sana şöyle bir örnekle anlatayım. Nasıl? Nasıl? Tamam. Sen kaldırımda yürüyorsun diyelim. Bir an önce derse yetişmek için hızlı hızlı gidiyorsun. Tam o sırada önünden geçtiğin apartmanın bilmem kaçıncı katının balkonundan kocaman bir saksı düşüyor. Senin başına gelse öldürür. Değil mi?"

"Evet." dedim.

"İşte o anda orada bir Uzunyaşar varsa seni kurtarır. Nasıl mı?

Örneğin sen son adımını atmadan o bir dünyalı olarak senin önüne çıkar, sana bir şey sorar, seni oyalar. Saksı da bir adım ileriye düşer. Çok basit oldu; ama sen sonuca bak ..."

"Anladım."

Evet, bu ceza gerçekten en ağırıymış. Onun tek istediği şey, bir insan gibi ölüp öbür dünyada Şerife'siyle buluşmak. Yıllardır o günü özlemle bekliyor. Mutlu Dede sustu. İyice yorulmuştu. Ben de hiç ses etmedim. Elimle allahaısmarladık işareti yapıp evin yolunu tuttum. Annem de babam da benim eve geç gelmelerime alışmışlardı. Kızmadılar.

Yalnız ne kadar belli etmemeye çalışsam da yüzümden bir türlü atamadığım o durgun ifadeye anlam veremediler. Ne olduğunu sorduklarında yorulduğumu, uyuyup dinlenmek istediğimi söyledim. Pek inanmadılar; ama olsun. Kafam karmakarışıktı. Hiç kimseye bir şey anlatacak durumda değildim. Bir an önce yatağıma uzanıp Mutlu Dede'den dinlediklerimi düşünmek istiyordum. O kadar çok yeni şey öğrenmiştim ki onları unutmadan anlamaya çalışacaktım.

Mutlu Dede kimselere benzemiyor. Çocukla çocuk olabiliyor. Bana bir şey anlatırken benim küçük olduğumu unutuyor. Yaştaşıymışım gibi her derdini açıyor. Ninem haklı galiba. Onun sık kullandığı bir sözü var. Biri ne zaman ona çocukluk yaptığını anımsatsa o da bunu söyler; "İnsan dünyaya çocuk gelir, çocuk gider."

Mutlu Dede'nin anlattıklarının birçoğu filmlerde; televizyon dizilerinde gördüğüm, duyduğum şeyler. Ama bunların yanı sıra onun yaşamında öyle ilginç yanlar var ki işte onlar beni şaşırtıyor, meraklandırıyor. İlgiyle dinliyorum onu.

O gece düzgün uyuyamadım. Ondan duyduklarımı düşündüm. Adamcağız yıllardan beri durup dinlenmeden insanları mutlu ediyormuş. Sonra da onların canını yakan, onları üzen kötü anılarını kendisi yükleniyormuş. Onca yıl buna nasıl dayandığına akıl erdiremiyordum. Şaştığım bir diğer şey de onun şimdiye kadar bundan hiç yakınmadığı. Elimden bir şey gelse hiç durmayacağım, onu bu yükten kurtaracağım. Ama benim yaşım ne ki? Kendi sorunlarımla baş edemiyorum ben.

İki gün uğramadım Mutlu Dede'ye. İyice dinlenmesini istiyorum. O da aramadı beni. Haklı. Seyyide Teyze'nin gittiğini söylemekle onu çok üzdüm. Fakat benden duyması bir bakıma iyi oldu. Nasıl olsa öğrenecekti. O da bahaneyle içindekileri döktü, rahatladı. Onunla ilgili çok az şey biliyordum. Şimdi onu daha iyi tanıyorum.

Belki de biraz fazla tanıdım. Dün gece rüyamda ben de bir Uzunyaşar olmuşum. Dünyayı karış karış geziyor, insanlara görünmeden dilediğim her şeyi yapıyordum. Zorda olanlara yardım ediyor, onların mutlu olduğunu görünce de seviniyordum. Kendimi buna öyle kaptırmışım ki sabah annem yanıma geldiğinde sanki o beni görmüyormuş gibi davrandım. Uzunyaşarlar birine dokunmadan onu mutlu edebiliyormuş ya ben de uzaktan uzağa el hareketleriyle anacığıma güzel anılarımı aktarmaya çalıştım. Kadıncağız bu yaptığıma anlam veremedi. Geldi, ateşime baktı. Hasta olup olmadığımı sordu.

Öğleden sonra okuldan dönünce sedire uzandım. Üç gün sonra karnelerimizi alacağız. Öğretmenler ödev vermiyor artık. Boş boş ne yapılır? Hayal kurulur. Benim de en sevdiğim şeylerden biridir bu. Bugünlerde ne zaman gözlerimi yumsam başka dünyalara gidiyorum, kendimi bir Uzunyaşar olarak buluyorum. Bu çok hoşuma gidiyor. Ama bazen içime bir korku giriyor, irkilerek açıyorum gözlerimi.

Bugün bizi okuldan erken saldılar. Karneler yazılacakmış. Öğretmenlerimiz böyle günlerde bizimle yeterince ilgilenemiyorlar. Okulda yer yerinden oynuyor. Öğrenciler bildiği bütün yaramazlıkları yapıyorlar. Bu yüzden ayak bağı olmayalım diye bizi evlerimize yolladılar. Buna en çok ben sevindim. Mutlu Dede'yi rahat rahat görecektim.

Yemeğimi yedikten sonra evine gittim. Bana biraz kırgın gibiydi. Kaç gündür uğramadığımı söyledi. Ama yüreği sevgiyle öyle dolu ki benim yüzümün biraz asıldığını görünce saçımı okşayıp "Üzülme şaka yaptım." diyerek gönlümü aldı. Sonra uzun uzun konuştuk. İnsanları mutlu etmek için çırpındığını gördükçe ben de onun gibi olmak istiyorum. Ama dünyada o kadar çok mutsuz insan var ki bir kişi hangi birine yetebilir? Aklım karıştı. Bunları düşünürken gözlerim dalmış. Mutlu Dede kolumdan dürttü:

"Dalıp gittin, neler düşünüyorsun, Halilcan?"

Toparlandım. Ona insanların neden bu kadar mutsuz olduğunu sordum. O yine bir bilgeye yakışır şeyler söyledi:

"Benim bunca yıldır bu dünyada öğrendiğim şeylerden ilki; tüm insanlar eşit doğar fakat yaşam bazılarına öz anne gibi davranır, kimine ise üvey ana gibi. Bunun sonucunda da bu eşitlik kısa zamanda bozulur. İkincisi de şu: İnsanlar vermenin almaktan daha güzel bir duygu olduğunu bilmiyorlar, oğul. Vermek vereni, almak da alanı mutlu eder. Fakat verenin az, almaya çalışanın bol olduğu bir dünyada yaşıyoruz. İşte bu yüzden çekişme, kavga bitmiyor. Ne yazık ki böyle olunca da güçlüler hep kazanır, güçsüzler ezilir..." dedi.

Ben ondan duyduğum bu ilginç sözlerdeki anlamı çözmeye çalışırken o konuşmasını sürdürdü:

"Bu eziklik duygusu insanın yaşama sevincini öldürür. İçindeki ateşi söndürür. O kişinin üretkenliğini, yaratıcılığını azaltır; onu yaşamdan koparır. Sonunda yoksulluk kapıya dayanır. Yoksulluğun olduğu yerde de mutsuzluktan bol ne olur?"

Bugün yine Mutlu Dede'den yeni bilgiler öğrendim. Adam saçlarını değirmende ağartmamış. Bir şey daha dikkatimi çekti. Onun kadar yaşlı, onun kadar bilgili olmasa bile zaman zaman babam da benzer şeyler söylüyor. Özellikle aybaşlarında:

"Patronlar almaya alışmışlar oğlum, vermeyi bilmezler. Biz isteyince de kıyameti koparırlar." der. O öyle söyleyince eğer oradaysa gerisini hiç değişmeyen sözleriyle ninem tamamlar. Ben bile ezberledim onun bu dediklerini:

"Kızanım, onlar alma ağacının altında büyümüşler. Vermeyi de bilirler; ama elleri varmaz."

Bana ne kadar saçma geliyor bunlar. Fen Bilgisi öğretmenimin hayvanlarla ilgili olarak anlattığı bir bilgi aklıma geldi. Aslan bir geyik avlarmış. Onu yavrularıyla birlikte yermiş. Karınları doyunca hepsi çeker gidermiş. Kalan etleri çakallar sıyırırmış, sonra onların bıraktıklarıyla da akbabalar doyunurmuş. O kadarla da bitmezmiş bu paylaşım. Küçük böceklere de onları besleyecek kadar et kalırmış. İnsanlar da neden böyle yapmazlar ki?

Mutlu Dede'yle tanıştığımdan beri duygularım, düşüncelerim değişti. Daha anlayışlı oldum. Eskiden de isteme huyum pek yoktu. Ama arada bir harçlık için annemi, babamı üzerdim. Şimdi içim gitse de isteyemiyorum. Çok gerekmedikçe de harcama yapmıyorum. Ayrıca iyi bir yardımsever oldum. Annem de bunun farkında. Benim bu davranışlarım onu mutlu ediyor. O zaman ben de güzel şeyler yaptığımı düşünüp seviniyorum.

Arkadaşım Mutlu Oluyor

Az önce okuldan geldim. Bugün de öğleden sonra ders vermediler, yani özgürüm. Ben de Mutlu Dede'ye gideceğim. Bu konuda artık hiçbir sıkıntım yok. Beni gönül rahatlığıyla ona yolluyorlar. Annem de babam da ondan olumlu etkilendiğimi düşünüyorlar. Bu beni olgunlaştırıyormuş. Öyle diyorlar. Doğru. Örneğin ben de onun gibi basit makineler yapmaya, evdeki küçük onarımlarda babama yardım etmeye çalışıyorum. Ayrıca Mutlu Dede gibi atasözleriyle konuşmayı da çok seviyorum. Fakat hiçbir konuda onun kadar başarılı değilim. Onun eli her işe yatkın. Konuşulan konulara uygun atasözü bulmakta ise tam bir usta. Ne güzel! Ben de bunları zamanla öğreneceğime inanıyorum...

Yemeğimi yedikten sonra onu görmeye gideceğim. Annem de bir tabak ıspanak böreği yollayacak. Evde kadın olmayınca bu gibi şeyler pek yapılmazmış. Annem haklı, adam zaten yaşlı...

-Halilcan, oğlum, börekler pişti.

-Tamam, anneciğim, geldim işte.

-Otur da önce sen kendi karnını doyur. Ben de dedeninkileri hazır edeyim.

-Helal olsun sana annelerin sultanı! Gene döktürmüşsün. Ellerine sağlık.

-Afiyet şeker olsun, geveze... Ne o öyle? Yalayıp yuttun. Koşturan mı var oğlum. Yavaş ye şunları.

-Tamam, ben doydum. Tabağı ver de gideyim. Bunlar mı?

-Evet, onlar. Aman, al da koş. Adam kaçmadı ya oğlum. Neyse, benden de selam söyle.

-Olur, baş üstüne.

Şimdi beni bekliyordur. O da alıştı benim geliş gidişlerime. Ne yapsın adamacağız? Beni kendine arkadaş sayıyor. Yıllardır kimselere anlatamadığı duygularını paylaşıyor benimle. Bugün bana mutlu ettiği insanları anlatacak. Dün söz verdi.

-Halilcan! Halilcan!

-Efendim Remziye Hanım Teyze.

-Sessizce açıver kapıyı. Ben aralık bıraktım. Bir saat önce lokma götürdüm. İki tanecik yedi. Gece uyuyamamış. Uzanıp dinlenecekti.

-Tamam, Remziye Hanım Teyze. Usulca girerim.

Bak, bu iyi olmadı işte. Uyuduysa onu uyandıramam. Ama anlatacağı şeyleri de çok merak ediyorum.

-Halilcan, sen misin?

-Benim Mutlu Dede. Uyandırdım mı?

-Uyumadım ki, öyle uzanıvermiştim.

-Annem yolladı. Ispanak böreği, sıcacık. Çay da demleyeyim mi?

-Hayır, gerek yok. Remziye Hanım buradaydı bir iki saat önce. Ayran yapıverdi; köpük, köpük. Buzdolabına koydu, soğumuştur. Birer bardak al da gel.

-Peki.

Şimdi mi anlattırsam? Yoksa börekleri yedikten sonra mı? Sıkboğaz etmek de istemiyorum.

-Sağ ol, Halilcan. Annene çok selam söyle. O bir başka yapıyor böreği. Ben başladım bile. Haydi, sen de al. Bunlar bana çok.

-Ben yedim de geldim... Mutlu Dede! Şey...

-Biliyorum oğul. Sana bir sözüm var. Aslında kimseye anlatmazdım fakat sen benim dostumsun, arkadaşımsın. Yine de olur olmaz yerde bunları açma. İnsanlar öküz altında buzağı arıyorlar. Kimseyle uğraşacak halim yok.

-Söz. Burada konuşulanlar burada kalacak dede, aramızda. Şimdiye kadar kaç kişiyi mutlu ettin?

-Öyle çok ki sayısını bilemem. Zaten en eskilerini unuttum; anımsayamıyorum. Sana sekiz on yıl önce yaşadığım bir olayı anlatayım.

Kışın sonları mıydı yoksa bahara yeni mi girmiştik. Neyse. Sabah erken ekmek almaya gidiyordum. Yedi sekiz yaşlarında bir oğlan çocuğu gördüm. Adını söylemeyeyim. Bir çöp bidonunu karıştırıyordu. O anda yüreğime bir acının saplandığını hissettim. Hemen karar verdim. Çocuğu aldım, evime getirdim. Yıkadım, pakladım. Ona yeni giysiler alıp giydirdim. Ama ne yaptıysam çocuk bir türlü gönlünce sevinemiyordu. Yüzünde hep bir yarım gülümseme vardı.

-Nedenmiş?

-Günler sonra bana biraz daha güvenmiş olacak ki başından geçenleri anlattı. Çok acı şeylerdi. Evleri yanmış. Beş kişilik aileden bir o sağ kalmış. Yılandili gibi yalazalar her yeri yakıp kavururken babası onu kucaklayıp kapı önüne bırakmış. Adamcağız diğerlerini kurtarmak için bir kez daha alevlerin arasına dalmış. Bir daha çıkmamış.

-Çok üzüldüm. Ne kadar korkunç bir olay. Peki, bu çocuk ortada mı kalmış?

-Hayır, teyzesi gelip almış onu. Fakat kadının ailesi çok kalabalıkmış. Gelirleri de az olunca bu çocuğu itip kakmaya başlamışlar. Çok geçmeden onu amcasının yanına yollamışlar. Orası daha da kötüymüş. Adam çalışmayı sevmeyen biriymiş. Kendi çocuklarını da bu yetimi de sık sık dövermiş. Beş altı ay zor dayanmış bu baskıya. Kaçmış evden.

Havalar sıcakken nasıl olsa yaşayıp gidiyormuş. Yaz aylarında yiyecek de bol. Haftanın iki günü pazarları geziyormuş. Satıcılara yardım ediyor; sabah, öğle, akşam üç öğün karnını doyuruyormuş. Fazladan verilenlerle de ertesi günkü yiyeceğini karşılıyormuş. Geceleri de yıkıntılarda, kuytu köşelerde bir kıyıya kıvrılıp uyuyormuş. En büyük korkusu serserilerle sarhoşlarmış. Elinden parasını, yiyeceklerini alıyorlarmış.

Kış bastırınca işi temelli bozulmuş. Gündüzleri neyse de geceleri korunacak, sığınacak yer bulmakta zorlanır olmuş. Öyle korunaklı yıkıntıları kapan büyükler bu yetimle onun gibileri dilendiriyor, akşamları da topladıkları paraları ellerinden alıyorlarmış. Serseriler buna karşılık çocukların önlerine bir dilim kuru ekmek atıp kuytu bir köşeye sığınmalarına izin veriyorlarmış. Çok kötü olaylar yaşamış. Kışın zor günleri geçip bahar yaklaşınca onların yanından da kaçmış. Deniz kıyısında yaşayan yaşlı bir balıkçının barakasına sığınmış.

Bu adam da içki içiyormuş; ama hiç olmazsa çocuğa ilişmiyormuş. Fakat o da yiyecek vermiyormuş:

"Ona kendi ekmeğini kendin kazan. Benim param ancak bana yeter." diyormuş. Ne yapsın yavrucuk? O da çöp bidonlarında yiyecek arıyormuş. İşte böyle bir günde onu buldum...

-Biz hiç ağlaşmayalım, dede. Neler var dünyada?

-Öyle de değil Halilcan. Bu dünya herkese yeter de paylaşmayı bilmiyoruz. Şimdi ben sana bir soru sorayım. Diyelim ki elinde altı tane ceviz var. Cevizi sever misin?

-Evet, çok.

-Tamam. Yanına kardeşin gelse kaçını ona verirsin?

-İkisini.

-Neden yarısını değil?

-Bilmem.

-Bir de şöyle düşün. Yanına arkadaşın gelse ona kaç ceviz verirsin?

-Bir tane herhalde. Eğer çok sevdiğim biriyse iki tane verebilirim.

-Neden eşit olarak bölüşmüyorsun?

-Ne Bileyim... benim yerimde o olsa paylaşır mıydı?

-İşte sorun da burada. "Biri yer biri bakar, kıyamet ondan kopar." demişler. Neyse senin bunları düşünmen için daha çok erken. Fakat sen sen ol, aç gözlü olma. Elindekinin fazlasını dostlarına, sevdiklerine ver. Bir bakıma benim yaptığım da bu. Kimi parasını, malını paylaşır; ben de mutluluklarımı.

-Peki, sen hiç zengin olmadın mı dede?

-Ben o kadar parayı ne yapayım, oğul? Benim mutlu olmam için paraya, pula gerek yok ki. Ben birini sevindirince duyduğum mutluluğu bana dünyaları verseler yaşayamam. Daha ne isterim ki…

-Sonra o çocuğa ne oldu?

-Çok mutlu ettim onu. Ona kızımın altıncı doğum gününde yaşadığım en güzel anımı verdim. Bak şimdi, dün olmuş gibi hepsi gözümün önünde canlanıverdi. Sabırsızlıkla gün sayıyorduk. O sırada Gonca'm hastalandı. Ateşler içinde kıvranıyordu. Ölecek diye başını bekledik günlerce.

Geceleri yavrumun başucunda uykusuz sabahlardım. Ona masallar anlatırdım. Yaş günü için neler istediğini sorardım. Ertesi sabah da gider alırdım onları. Bir oda dolusu armağan hazırladık. Derken yavaş yavaş iyileşti. Kısa zamanda kendini toparladı. Çok güzel bir doğum günü kutladık. Sevgimizi, sevincimizi paylaştık sınırsızca. İşte bu güzel anımı o yetim çocuğa verdim.

-Dede, beni yanlış anlamazsan sana bir diyeceğim var.

-Sen boş yere konuşmazsın, küçük dostum. Söyle bakalım.

-Bu anlattığın çocuğa çok benzer bir arkadaşım var okulda. Belki ondan bile mutsuz.

-Merak ettim. Seni dinliyorum.

-İbrahim 1999 Düzce Depreminde beş aylıkmış. Annesi ile babası ölmüş. Küçücük bebek yetim kalmış. Onu Van'a dayısının yanına yollamışlar. Adamın dokuz çocuğu varmış. İbrahim de katılınca dede, nine olmuşlar on dört kişi. Aradan beş altı yıl geçmiş. Bir gün oturdukları köyü eşkıyalar basmış. Bunlar da korkup kaçmışlar, Çanakkale'ye gelmişler, Kepez beldesine yerleşmişler. Dayısı bir tersanede kaynakçı olarak işe girmiş. İki yıl kadar çalışmış orada. Nasıl olmuşsa adamın üzerine ağır bir demir parçası düşmüş. Adamcağızı hastaneye kaldırmışlar. Kırılan kaburgalarından biri dayısının ciğerini delmiş. Ameliyatlar, ilaçlar işe yaramayınca adamcağız kurtulamamış.

-Yapma be oğul! Hep böyle üst üste mi gelir bunlar?

-Ninem; "Çekene dert çok bu dünyada." der. Yengesi, en büyüğü on altı yaşında on çocukla dul kalmış. Yaşlı kaynanasıyla hasta kaynatası da cabası. O günden sonra evde on yaşından büyük herkes çalışmaya başlamış. Daha doğrusu iş bulabilen birkaç kuruş kazanıyormuş. Bunlar da yetmeyince kadın en küçükten başlayıp çocuklarını evlatlık vermeye kalkmış. Bunun üzerine ninesiyle dedesi İbrahim'i alıp Kalabaklı Köyü'ne yerleşmişler. Irgatlık ederek çocuğu büyütmüşler. Arkadaşım şimdi o köyden her gün bizim okula geliyor. Aynı sınıfta arkalı önlü oturuyoruz.

Mutlu Dede benim anlattıklarımı ilgiyle dinledi. Bana bazı sorular sordu. İbrahim'i iyi tanıdığım için hepsini yanıtladım. Tam düşündüğüm gibi oldu. "Onu önümüzdeki hafta getir de göreyim." dedi. Onun yanından ayrılırken içimde iyi bir şey yapmanın sevinci vardı.

Ben bu Mutlu Dede'yi şimdi daha çok seviyorum. Eve gidince anneme de olanları anlattım:

"İyi yapmışsın, oğlum. Aferin!" dedi. "Senden de böyle bir davranış beklenirdi zaten."

Gece erken yattım. O gün yaşadıklarımı düşünürken uykuya dalmışım. Çok ilginç bir rüya gördüm. Doğaüstü yeteneklerle donatılmışım. Çevremde asık yüzlü birini görünce hemen avucuma gülüyorum sonra elimde bir şey varmış gibi onun üzerine fırlatıyorum. Asık yüzlü bir irkiliyor. Önce korkuyla ardından öfkeyle bakıyor bana; sanki yüzüme tokadı ya da yumruğu patlatacakmış gibi. Derken yüz çizgileri yumuşamaya başlıyor. Teşekkür ediyor, sağa sola gülücükler saçarak uzaklaşıyor.

Çok eğlenceliydi. Kendimi öylesine kaptırmışım ki sabah kalkınca bunu da gene annemde denedim; kadın başını iki yana salladı, bir şeyler mırıldandı, gitti. Demek ki rüyaymış, dedim.

Dün Mutlu Dede'nin yanından ayrılınca sevincimden bunları İbrahim'e nasıl anlatacağımı hiç düşünmemişim. Bu sabah okula gidince aklım başıma geldi. Ona bunları söylemenin bir yolunu bulmalıyım. Bu bir. İkincisi; çocuk son ders biter bitmez köy minibüsüne koşuyor. Onu ne zaman Mutlu Dede'ye götürebilirim? Öğlene kadar buna kafa patlattım. Değdi; bir yol buldum sonunda.

İbrahim önümüzdeki perşembe akşamı için ninesinden izin alacak, o gece bizde kalacak. Nasılsa ödev verildiği yok. Ona Mutlu Dede'den söz ettim biraz. Üstü kapalı olarak elbet. "Yaşadığın bütün acı olayları unutacaksın." dedim. O çok uysal bir çocuk. Kendisini diğer arkadaşlar gibi üzmeyeceğimi biliyor. Bana da çok güveniyor. Bu akşam ben de anneme durumu anlatacağım. Sanırım bir sorun çıkmayacak.

Evet, hiçbir sorun yaşamadık. İbrahim'e izin vermişler. Okul çıkışı Mutlu Dede'ye gittik.

Onun haberi vardı, bizi bekliyordu. Ben önceden ona her şeyi anlatmıştım; ama bir de İbrahim'in ağzından dinlemek istedi. Arkadaşım yaşadıklarını; kendisini mutsuz eden olayları kısaca özetledi. Sonra dede benim biraz dışarıda beklememi söyledi.

Kapının önünde dolandım durdum. İçeride olanları ölesiye merak ettim. O yarım saatlik zaman geçmek bilmedi. İçimden kimsenin beni böyle görmemesi için dua ettim. Yoksa nasıl açıklardım onlara burada ne aradığımı. Neyse ki şansım varmış, kimse görmedi.

Yanlarına gittiğimde Mutlu Dede çok yorgundu. Sedire uzanmış, yatıyordu. Bakışlarımda bir sürü soruyla ikisinin de gözlerine baktım. Arkadaşımın yüzünde mutlu bir ifade vardı. Ama biraz da şaşkındı. Yaşlı dostum eliyle yaklaş işareti yaptı. Yanına sokuldum, eğildim:

"İbrahim'i al, götür. Ben biraz dinleneyim. Çok bitkinim." diye fısıldadı. Yüzümden ne kadar üzüldüğümü anlamış olacak ki:

"Üzülme bir şeyim yok. Biraz uyursam geçer." diye ekledi. Onu dolaşmaya geleceğimi söyleyip arkadaşımla eve döndük. Yemekten sonra İbrahim'le gidip dedeyi gördük. Annem yine ona bir şeyler yolladı. Kendini toparlamıştı. Getirdiklerim için çok teşekkür etti. İçim rahat ayrıldım yanından.

Akşam İbrahim'e Mutlu Dede'nin neler yaptığını sordum. "Birbirimizin gözlerine baktık. Aramızda demet demet ışıklar akmaya başladı. Kırmızılar benden ona, yeşiller ondan bana geliyordu. Hepsi bu." dedi. "O kadar mı?" dedim, üsteledim; ama başka bir şey anımsamıyormuş. Yine öğrenemedim. Olsun, çok sevdiğim bir arkadaşım mutlu oldu ya bu yeter bana. Bu olay arkadaşlığımızı güçlendirdi. Yemekten sonra yarın alacağımız karnelerden konuştuk. İkimizin de durumu iyi. İbrahim sessiz, içine kapanık bir çocuk; ama zeki, çalışkan biri. Onun en çok dürüstlüğünü beğeniyorum.

Bugün karnelerimizi aldık. Onu annemlere gururla gösterdim. Bu konuda onları hiç üzmemiştim. Yine öyle oldu, bu yıl da kural bozulmadı. Akşam yemeğimizi neşe içinde yedik. Babam kıyma getirmiş. Annem de köfte yapmış. Bilirler benim nasıl sevdiğimi. Böyle gecelerde birlikte eğleniriz. Ben de hazır bir araya gelmişken tam sırasıdır deyip kaç gündür içime dert olan konuyu onlara açtım:

"Anne, Mutlu Dede Seyyide Teyze'nin söylediklerine çok üzüldü."

"Ne ettin oğlum, sen? Hasta adama duyurulur mu öyle şeyler?

"Ne yapayım, boş bulundum. Söyledim bir kere."

"Ah! Oğlum, ah! Hiç iyi olmamış."

Babam araya girdi de annemin azarından kurtuldum.

"Hanım, kapatalım şimdi şu tatsız konuyu. Üzme oğlumu. Bu akşam onun başarısından söz edelim"

Kapattık. Sonra annemle babam sırayla benim geleceğimle ilgili ne düşündüklerini anlattılar. Bana pek söz düşmedi. Olsun. Ben de ne olacağıma daha karar vermedim ki. Yattığımda saat on iki olmuştu.

Herkes Beni Arıyor

Yaz tatillerinde iki hafta dinlenirim. Okul döneminde erken uyanmaktan bıktığım için sabahları geç kalkarım. Gönlümce gezer, tozarım. Arkadaşlarımla oynarım. Hafta sonları babamla denize gideriz. Onunla zaman geçirmeyi seviyorum. "Gel bakalım aslan oğlum. Seninle erkek erkeğe gezelim biraz." demesi hoşuma gidiyor.

Kısacık tatilim çabucak bitiyor. Sonra bana bir iş bulunur, çalışırım. Bizim sokağın çocuklarına bütün bir yaz boyu boş gezmek yok. Kimimiz simit satarız; kimimiz terzi, berber, kasap yanına çırak gireriz. Ben en çok poğaça, içiboş satmayı severim. Onları annem evde yapar, ben de akşamüzerleri kahve kahve dolaşırım. Çalışmaktan yorgun, argın dönen işçiler açlıklarını bastırmak ya da ağızlarını tatlandırmak için alırlar.

Bu yıl babam daha düzenli bir işte çalışacağımı söyleyince hem şaşırdım hem sevindim. Oto elektrikçiye çırak verecekmiş beni. Motorları sevdiğimi bilir. Ama gene de iş bu. Oyun değil ki. Sonra ustam nasıl biri? Hiç tanımıyorum. Bu yüzden biraz huzursuzum. Dayak olmaz belki; ama azar işitmek de var. Artık büyüdüm sayılır. Herkesin içinde söz söyletmem. Öyle olursa bırakırım işi. Kendimi aşağılatmam.

Bu düşüncemi Mutlu Dede'ye de açtım. Kaşları çatıldı:

"Zoru gördüğünde aklına ilk kaçmak gelecekse ileride nasıl başarılı olacaksın sen?" dedi. "Kolayı herkes yapar. Önemli olan zoru başarmaktır. Baktın adam seni haksız yere azarlıyor, açık açık konuş onunla. Ama ondan önce haklı olabilmek için sen de dürüst çalışacaksın. İşini aksatmayacaksın. Onun eline koz vermeyeceksin ..."

Çok güzel sözler bunlar; ama ustanın tutumu hakkında hiçbir bilgim yok. İster istemez aklıma takılıyor. İki hafta çabucak geçti. Sabahları arkadaşlarla buluşup top oynadık, ağaçlara tırmandık. Bizim sokakta bir tek postacının oğlunun bisikleti var. Sırayla biniyoruz ona. Zaten herkes elindekini arkadaşlarıyla paylaşıyor. Örneğin, ayak topu benden, basket topu Mehmet Ali Abi'nin Mustafa'dan. İkimize de karne armağanı olarak alındı bunlar.

Bazı günler bizim okulun bahçesinde bazı

günler de Cuma Pazarı alanında toplanıp oynadık. Herkes neyi varsa getirdi; top, misket, bisiklet... Uçurtma bile uçurduk. En eğlencelisi de Cuma Pazarı'nın yüz yaşını çoktan geçmiş çınarları altında bağıra çağıra yaptığımız tartışmalardı. Ortaya atılan basit bir konu bile olsa hemen iki kümeye ayrılıp tartışmaya başlardık. Birimizin ak dediğine diğeri kara diyordu. Politikacılar gibiydik. Arada bir kavga ettiğimiz de oluyordu.

Öğleden sonraları ben Mutlu Dede'ye gittim hep. Bazı arkadaşlarım buna hiç anlam veremiyorlardı.

Bir gün yine okulun bahçesinde yedi sekiz arkadaş top oynuyorduk. Çok yorulmuştuk. Ihlamurun altında oturmuş dinleniyorduk. Şeref; "Bugün gene gidecek misin o yaşlı bunağa?" dedi. Öyle kızdım ki yerimden fırladım, yapıştım yakasına. Başladık itişip kakışmaya. İstesem altımda ezerim onu. Şeref hem kısacık, hem zayıf biri. Ama huysuzun teki. Bizim sokakta herkes ona "Çete elebaşı" diyor. Kendisine özenen birkaç arkadaşı daha var. Bunlar birlik olup başka mahallelerden gelen çocuklara da sataşıyorlar.

Benden başka bir de Balıkçı Mehmet Ali Amca'nın oğlu Mustafa onlara uymuyor. O gün hemen benim yanımda yer aldı. Biraz boğuştuktan sonra Şeref'le çetesi korkup kaçtılar. Üstümüz başımız batmış, toz toprak içinde kalmıştı. Silkelendik. Çeşmede elimizi yüzümüzü yıkadık.

Bu kez Mustafa'yı da götürdüm Mutlu Dede'ye. Kapıdan girmeden önce bir kez daha silkelenip kendimize çeki düzen verdik. Fakat Mutlu Dede bizde bir gariplik olduğunu hemen anladı; "Ne bu haliniz?" diye sordu. Oturup anlattık:

"Elebaşı Şeref'le atıştık biraz."

"Bu atışmakla kalmamış, kavgaya kadar uzamış. Öyle değil mi?"

"Evet, kavga ettik. Ama sen onu bilmezsin dede. Birine sataşmadan duramaz o."

"Halilcan doğru söylüyor. Ağzı da pis onun."

"Ama biz ağızlarının payını verdik."

"Senden hiç ummazdım Halilcan. Ben seni uysal bir çocuk olarak bilirdim."

"Sen onu tanıyamamışsın Mutlu Dede. Halilcan iyi kavgacıdır."

Mustafa'ya kaş göz işareti yaptım. Neler söylüyorsun, demeye getirdim. Mutlu Dede'ye baktım. Onun hayret dolu bakışlarını gördüm. Çok utandım. Ne söyleyeceğimi bilemedim. Kekeledim:

"Ama hiç kavgayı başlatan ben olmadım." dedim. "Ne yapayım işte, haksızlıklara dayanamıyorum."

Mutlu Dede güldü:

"Sizin yaşınızda her şey güzeldir be çocuk. Beni yanlış anlamayacağınızı bilsem kavga bile güzeldir, diyeceğim."

"Dedin bile, dede."

"Dedim, değil mi? Ama siz yine de kavgadan uzak durun. Çocuksunuz; bugün dalaşır, yarın barışırsınız. Kırgınlıkları, dargınlıkları uzatmamak gerekir."

"Biz hiç uzatmayız. Onlarla kaç kere dövüştük, barıştık. Sayısını bile bilmem. Şeref de öyledir. Kavgacıdır; ama şimdi gitsek gene bizi oyuna çağırır. Öyle de bir huyu var."

Sonra Mutlu Dede bize anılarını anlattı. Mustafa'nın ağzı açık kaldı onu dinlerken. "Çocuklar," dedi. "İnsan olmak için insan doğmak yetmez. İnsan olmak emek ister, çaba ister. Kendinizi iyi yetiştirin. Cahil kalmayın. Ne yazık ki ülkemizin çoğu insanı cahil."

"Nasıl olur Mutlu Dede? Daha iki gün önce koskoca Milli Eğitim Bakanımız okuryazar oranımızın yüzde doksanı aştığını söyledi."

"Onlar söyler oğul. Söyledikleri doğrudur da. Fakat okuma yazma bilmek başka okumak yazmak başka. Bunların kaçı kitap, dergi, gazete okuyor? Sen ona bak."

Mustafa bilgiç bilgiç atıldı:

"Ama televizyon izliyorlar."

"O da doğrudur. Peki, televizyonda ne İzliyorlar? Dişe dokunur kaç program var ki? Çocuklar, bilim hızla gelişiyor. Ben zaten yetişemiyorum da siz bile zorlanıyorsunuzdur. Fakat her şeyi yerli yerinde kullanmak gerekir. Tamam, her şey çabucak değişiyor; ama bir de yüz yılların, bin yılların doğruları var. Bunları da unutmamalısınız. Sözü kitaplara, kitap okumaya getireceğim; fakat sizi sıkmaktan korkarım. Neyse fazla derinlere inmeyelim. Siz akıllı çocuklarsınız, leb demeden leblebiyi anlarsınız."

"Anladık Mutlu Dede. Biz bilgisayarın başında kaldığımız kadar kitap da okuyoruz."

"Aferin, sizden beklediğim de bu."

Mutlu Dede'nin evinden ayrılırken Mustafa; "Şimdi anlıyorum neden her fırsatta buraya geldiğini?" dedi. Sonraki günlerde yine gelmek istedi; ama Mutlu Dede'nin bizimle uğraşacak hali yoktu ki. O gün bizi kırmamak için kendini nasıl zorladığı gözümden kaçmadı. Günden güne çöküyor adamcağız. En çok da Seyyide Teyze'nin sözlerine üzülüyor. Onu mutsuz etmiş olabileceğini düşünüyor. Böyle olursa sevgili Şerife'sine kavuşamamaktan korkuyor.

"İkide bir kendimde Ezine'ye gidecek gücü bulamıyorum..." diyor. Oraya varıp Seyyide Teyze'yle görüşecek herhalde. Fakat nasıl olacak bu? Artık kahveye bile çıkamıyor. Gitse de çok kalamıyor, hemen eve dönüp yatıyor. Onu öyle gördükçe çok üzülüyorum. Ama ben de ne yapacağımı bilemiyorum.

Bugün ona bir aralık günlerdir aklıma takılan bir şeyi sordum. Arkadaşım İbrahim'i mutlu ederken yanında değildim; ama ondan neler olduğunu öğrendim. Peki, Mehmet Ali Amca'yı kahvede onca insana belli etmeden nasıl mutlu etti? İkisinin gözlerinden ışık demetleri akarken kimse görmedi mi? Meğer öyle değilmiş işin aslı:

"İlk gece Mehmet Ali sarhoştu; dili dolaşıyor, ne dediğimi anlamıyordu. Ona sabahleyin erkenden bana gelmesi için saatlerce dil döktüm. 'Ne yapacaksın beni?' diyor başka bir şey demiyordu. Ben de üstü kapalı anlatmak zorundaydım. Ayrılırken ne dediğimi anlayıp anlamadığından emin değildim. Ancak işe yaramış ki daha şafak sökerken kapı çalındı. Baktım gelen oydu..."

"Tamam, anladım dede. Ertesi gece yaptığınız yalnızca bir oyundu o zaman."

Güldü. O acılı yüzü aydınlanıverdi bir an. Bundan cesaret edip bir şey daha sordum:

"Dede, işin tılsımı bileklikte mi gizli? İbrahim öyle bir şey söyledi de"

"Yok, oğul, bileklik yalnızca bir aracı. Anı değişimi bakışlarla olur. Arkadaşın anlatmıştır. Gözlerimiz arasında gelip giden ışın demetleri benim mutlu anılarımı ona, onun üzücü anılarını bana taşıyor..."

Uzunyaşarlar dünyalıların göremediği ışıkları da görebiliyorlarmış. Onlar her sorunu ışıkla çözümlüyormuş.

"Bizde herkes düşüncelerini bakışlarıyla

yaydıkları ışıklarla dilediğine aktarabiliyor. Biz iyiliğin de sağlığın da düşüncelerimizde olduğuna inanıyoruz. Aynı zamanda hastalık ve kötülük de düşüncelerimizde gizlidir. Bize daha küçücük çocukken beynimizi denetlemeyi öğretirler. Böylece kötülükleri, hastalıkları kendimizden uzak tutmayı da öğrenmiş oluruz. Bu yüzden bizim dünyamızda hastalık, kötülük barınmaz. Öyle olunca sözü edilecek olaylar da olmaz..."

Değişimin neredeyse hiç görülmediği bu gezegende Uzunyaşarların en büyük zevki yaşlıları dinlemekmiş. Onlar dünyada yaşadıkları olayları ballandıra ballandıra anlatırlarmış. Onları dinleyen çocuklar ve gençler de dünyaya inmek için can atarlarmış.

İki gün önce işe başladım. Bereket babam ustamla anlaşmış. Saat dört oldu mu beni eve salıyor. Yıkanıp paklanıncaya kadar beş oluyor.

Hemen Mutlu Dede'ye koşuyorum. Beni görünce seviniyor. Sanki ona güzel bir haber getirecekmişim gibi yolumu gözlüyor. Kendimi ona karşı sorumlu hissediyorum. Çok düşünüyorum. Aklıma bazı çözümler gelmiyor değil, ancak ailemin bunlara izin vermeyeceğini adım gibi biliyorum.

Bugün ilk haftalığımı aldım. Çok mutlu oldum. Daha önceki yıllarda da para kazanıyordum; bu ilk değil. Ama böyle toplu para almak başka bir şeymiş. Babam gözümün önüne geldi.

Onun aylığını aldığı günlerde eve gelişini düşündüm. Yürüyüşü bile değişiyor adamın. Şimdi bende de buna benzer bir duygu var. Eve gelince annem sarıldı, sarıldı, öptü:

"Evimin küçük erkeği." dedi. "Artık büyümüş de paralar kazanıyormuş." Ardından gözyaşları da gecikmedi. Ben bile az daha ağlayacaktım.

Sonra Mutlu Dede'ye gittim. Bu kez açık açık söyledi:

"Halilcan, oğul. Ben eskisi gibi değilim artık. Bunu sen de görüyorsun. Mahallenize yeni taşınan Mutlu Dede'ye benziyor muyum? Sona yaklaştığımı biliyorum, oğul. İki mutlu anım var. Onları verip iki kişiyi daha mutlu edemeden ölürsem Şerife'min yanına gidemeyeceğim. Bu korku her geçen gün artarak yüreğimi yakıyor. Bunları söyleye söyleye seni de bıktırdım. Fakat bana ancak sen yardım edebilirsin. Beni en iyi sen tanıyorsun. Şimdi sil baştan bir başkasına sırrımı açıklayamam..."

Onu dinlerken karışık duygular içinde kıvrandım, durdum. En kısa zamanda bir çözüm bulmak zorundayım. Bu adam benden böyle bir şey bekliyor. Bekliyor da ben ne yapabilirim? Bu soru eve gelirken yol boyunca aklımı kurcaladı. Akşam yemeğinde dalıp dalıp gittiğimi gören anneme, babama yalan söylemek zorunda kaldım. Yorgunum deyip erkenden yattım. Amacım kafamda şekillenen planımı geliştirmekti.

Sabah erkenden, daha annem bile uyanmadan kalktım. Hemen giyindim, sokağa çıktım. Koşar adım otogara gittim. Üzerinde Ezine yazılı minibüse bindim. Buraya kadar her şey normaldi. Ama yerime oturur oturmaz yüreğim çarpmaya başladı. Böyle bir şeyi ilk kez yapıyordum. Uyanınca beni evde bulamadıklarında babamların ne yapacaklarını düşündüm. Keşke onlara bir not yazsaydım, dedim. Ama oldu bir kere.

Artık her şeyi eve dönünce anlatmaya çalışacaktım. Bana hak vereceklerine emindim. Fakat onları üzdüğüm için en azından sağlam bir azar işiteceğim kesindi.

Ezine'ye daha önce hiç gitmemiştim. Seyyide Teyze'nin evini nasıl bulacağımı da bilmiyordum. Ama onun anneme anlattıklarından iki şey aklımda kalmıştı. Biri kasabanın içinden geçen çayın üzerindeki köprü, diğeri de ona yakın eski bir hamam. Onları buldum mu evi de bulmuş olacaktım. Kadının adından başka bir bilgim yok.

Seyfi Dayı'yı tanıyan çıkmadı. Adam yıllardır Çanakkale'de yaşıyor. Kim bilsin onu?

Sarı Çizmeli Mehmet Ağa'yı arar gibi aradım köprüyü. Onu bulunca işim kolaylaştı. Hamam gerçekten çok yakınındaymış onun. Evi sonunda buldum. Şimdi Seyyide Teyze'ye durumu uygun bir dille anlatmam gerekiyordu. Kadın beni karşısında görünce yanımda annem var mı, diye bakındı. Yalnız olduğumu anlayınca başını sallayarak sordu:

"Habersiz geldin, değil mi? Oğlum böyle yapılır mı hiç? O insancıklar ne haldedir şimdi, biliyor musun?"

Boynumu büktüm. Diyecek bir şeyim yoktu. Ne dese haklıydı. O öyle söylendikçe ben de yaptığımın yanlışlığını anladım, üzüldüm. Seyyide Teyze evimizin telefonunu sorup annemi aradı. Kadıncağız ağlıyormuş. Benden haber alınca çok sevinmiş. Dualar etmiş:

"Nasıl da üzülmüş garipler. Sokakta herkes seni arıyormuş. Baban karakola gitmiş. Çok yanlış yapmışsın Halilcan, çok."

Sonra beni mutfağa götürdü, masaya oturttu. Peynir, zeytin, ekmek verdi. Sahanda yumurta yaptı; zeytinyağında. O kahvaltının tadı damağımda kaldı. Ben karnımı doyururken bana hiçbir şey sormadı. Sofradan kalkınca ben ona her şeyi anlattım:

"Seyyide Teyze, Mutlu Dede çok üzülüyor. Boş bulunup ona senin ayrılırken söylediklerini anlattım. O zaman nasıl korktu bilemezsin. Seni mutsuz etmiş olduğunu düşünüyor. Sana söz vermişti ya. Onu yerine getiremediği için kendini suçluyor. Ne olur bir şeyler yapalım. Bu adamın bir ayağı çukurda. Ne kadar ömrü kaldı bilinmez. Gözü açık gitmesin..."

Fakat kadın da ne yapsın? Seyfi Dayı'nın artık bilinci de kapanmış. Kimseleri tanımıyor. Yiyeceğini ağzına besliyor onun. Çocuklar gibi altını bağlıyor koca adamın. Günde üç kez, bazen dört kez bezini değiştirdiği oluyormuş. O da çok üzüldü Mutlu Dede'ye:

"Ben bir yolunu bulacağım. Sen şimdi eve dön. Ona kırgın olmadığımı söyle. Benim üzüntüm başka. Kendini olur olmaz şeylerle üzmesin..."

Yanıma bir torba zeytin, bir şişe sızma zeytinyağı ile bir kalıp beyaz peynir koydu. Biliyorum; Ezine deyince akla bunlar geliyor. Onlardan Mutlu Dede'ye de biraz vermemi söyledi. Sonra bütün tanıdıklara selam yolladı. Otogarı bulmakta zorlanmadım. Her yarım saatte bir minibüs kalktığından çok beklemedim. Kırk beş dakika sonra Çanakkale'deydim.

Beni gönderip arkamdan annemleri aramış. Ne düşünceli kadın şu Seyyide Teyze! Onun mutlu olmasını şimdi daha çok istiyorum.

Babam karşıladı beni. Sarıldı. Yanaklarımdan, gözlerimden öptü. Yükü paylaştık.

Yolda da bir şey demedi. Beni Ezine'ye kendisi yollamış gibi davranıyordu. O böyle yaptıkça korkum artıyordu. Hem yürüyor hem de dayaklar eve saklanıyor, diye düşünüyordum. Yine de pişman değildim. Verilecek her cezaya razıydım.

Yanılmışım. Beni karşılarına alıp yaptığımın yanlış olduğunu, onları çok korkuttuğumu söylediler. "Oğlum, biz seni el bebek gül bebek büyütmeye çalışıyoruz. Sen bizim tek çocuğumuzsun. Sana bir şey olmasından çok korkuyoruz. Sakın bir daha böyle şeyler yapma. Sana güvenmemizi istiyorsan bizden habersiz uzaklara gitme. Söyleseydin, bir çözüm bulmaya çalışırdık. Biz de Mutlu Dede'yi seviyoruz. Ona yardım etmeye çalışman çok güzel. Ama bizim için önce sen gelirsin..."

Uzunca bir öğütten sonra Mutlu Dede'yi görmeme izin verdiler. Ezine'ye gitmesine gitmiştim; ama bir işe yaradığını söyleyemem. Mutlu Dede'ye de pek umut veremedim. O da önce yaptıklarımın yanlış olduğunu söyledi. Sonra da:

"Halilcan, beni ne kadar sevdiğini biliyorum. Ama senin de bilmeni istediğim bir şey var; sen daha çocuksun. Bir daha anneni, babanı üzersen beni de üzmüş olursun. Sağ ol. Gene elinden geleni fazlasıyla yapmışsın. Bu durumda beklemekten gerisi yalan. Belki Seyyide'den güzel bir haber gelir. O güne kadar yine aklınızda olsun. Mutsuz biri kulağınıza çalınırsa onu bir gör, sonra bana getir. Benim nasıl bir kişi aradığımı biliyorsun artık. Bir mutlu anımı da ona vereyim..." dedi.

Mutlu Dede'nin bu söylediklerini anneme babama da anlattım. Bir haftadır her akşam sokağımızda oturanları incelemeye alıyoruz. Ancak onun istediği gibi birini bulamadık. Bu arada şunu biraz da övünerek söyleyeyim; onlar görüşlerini belirtiyorlar, ben olur ya da olmaz diyorum. Yani son karar benim.

Bu sabah işe gitmek yok. Pazar günleri tam

gün tatil benim için. Biraz geç kalktım. Babam da öyle. Ama o kahvaltıdan sonra evde durmaz. Şimdi uzanmış kitabımı okuyorum. Güzel bir kitap; Pal Sokağı Çocukları. En çok Nemeçek'i seviyorum. Ufacık bir çocuk; fakat bana göre çok cesur. En heyecanlı yerindeyim. Bitirmeden dışarı çıkmak niyetinde değilim... Kapı çalınıyor; herhalde biri geldi?

Bir Kişi Daha Mutlu Oluyor

-Halilcan! Halilcan!

-Efendim anne?

-Gel bak. Ezine'den kim geldi?

-Ezine'den mi?

Seyyide Teyze mi acaba? Kusura bakma Nemeçek.

-Geldim anne.

-Bu Hanım Seyyide Teyze'nin yakın komşusuymuş. Kendisi gelememiş onu yollamış.

-Hoş geldiniz Teyze.

-Hoş bulduk Halilcan. Seyyide hepsini anlattı bana. Seni daha önce görmüş gibiyim. Korkma. Senin bu konuda ne kadar duyarlı davrandığını biliyorum. Benim ağzım sıkıdır. Yemin verdim; kimseye söylemeyeceğim bu sırrı.

Önce çok korktum. Bu her yerde, herkese anlatılmaması gereken bir şeydi. Sonra annemden biraz daha yaşlı bu kadını dinleyince içim rahatladı. Elini öptüm, ona yeniden hoş geldin deyip karşısında bir yere oturdum:

"Halilcan" dedi. "Seyyide seni de Mutlu Dede'yi de çok seviyor. Size bir zarar gelmesini kesinlikle istemiyor. Biz onunla çok iyi dost iki komşuyuz. O beni, ben de onu yıllardır tanıyorum. Biliyorsun onun babası Seyfi Dayı çok rahatsız. Bırakılacak gibi değil. Ondan başkasıyla yapamıyor. Çok huysuzlaştı..."

Kadını dinledikçe Seyyide Teyze'nin ne kadar iyi bir seçim yaptığına karar verdim. Ona:

"Ben gidemeyeceğim. Artık umudum kalmadı. Sen benden daha mutsuzsun. Benim yerime senin gitmeni istiyorum. Hiç olmazsa birimizin yüzü gülsün." demiş.

Ben Seyide Teyze'nin onca sıkıntıdan bir an önce kurtulmasını istiyordum. Ama kalkıp buraya kadar gelmiş bu kadını da geri gönderemezdim.

Onu yeterince dinledikten sonra bir koşu gidip Mutlu Dede'ye baktım, evdeydi. Zaten son günlerde pek dışarı çıkamıyor ya. Beni görünce meraklı bakışlarla bir açıklama yapmamı bekledi. Ona olayları kısaca anlattım. Rahat bir soluk aldı. Yüzünde bir gülümseme belirdi. "Peki, kadını al da getir. Yolun boş olmasına dikkat edin. Kaş yapayım derken göz çıkarmayalım." dedi.

Aynı hızla eve döndüm. Ezineli Teyze'yi Mutlu Dede'nin evine götürdüm.

Bizi iki yanına oturttu. Kendisi de bağdaş kurdu. Önce bir sessizlik oldu. Birbirimize bakıştık. Kadıncağız ürkek ürkek çevreyi inceledi. Parmaklarıyla oynamasından ne kadar heyecanlı olduğunu anlıyordum. Fakat ben yine de söze girmek istemedim. Onun kendini en rahat hissettiği zaman konuşmasını bekledim.

Mutlu Dede'nin de aynı nedenle beklediğine eminim. Sonunda Ezineli Teyze fısıldar gibi konuşmaya başladı:

"En iyisi ben buraya neden geldiğimi anlatayım."

Mutlu Dede:

"Onu biliyoruz kızım. Sen bana kendini anlat." deyince kadın yeniden bocaladı. Sanıyorum kafasında hazırladığı konuşma düzeni bozulmuştu. Kısa bir duraksamadan sonra kendini toparladı:

"Ben Seyyide'nin komşusuyum. Komşu dediğime bakmayın kardeşi sayılırım. O kadar yakınız. Size çok selamı var. Buraya kendisi gelmeyi çok istiyordu. Ama babasını kimselere bırakamıyor. Adamcağızın da durumu gerçekten çok bozuk. Gün sayıyorlar desem yalan olmaz. Benim de mutsuzlukta ondan aşağı olmadığımı söyleyip onun yerine size gelmemi istedi. Sizi çok seviyor. Yere göğe sığdıramıyor..."

Mutlu Dede bir yandan kadını dinliyor bir yandan da onu tepeden tırnağa süzüyordu. Karşımızda duran; orta boylu, zayıf, esmer biriydi. O çukura kaçmış kara kara gözleri bir umut bekliyordu dededen. Yüzünde çektiği acıların izleri görünüyordu. Yorgundu. Mutlu Dede biraz düşündükten sonra ona sorular sormaya başladı. Ürkek bir tavşan gibi bakınan, ellerini nereye koyacağını bilemeyen bu zavallı kadın ne diyeceğini şaşırdı. Kekeledi. Yardım bekler gibi bana baktı. Bunları gören dede onu daha fazla üzmedi:

"Peki, kızım. Sen bildiğin gibi anlat. Seni mutsuz eden nedir?

"Hangisini anlatayım dede? Öyle çok acılar yaşadım ki..."

"En baştan başla kızım."

Sevindi. Sanırım o da öyle düşünüyordu. Hemen girdi konuya:

"Ben beş yaşındayken babam öldü. Annem üç çocukla dul kaldı. Çaresizlikten yeniden evlendi. Üvey babamız çok kötü biriydi. Hiçbirimize adımızla seslenmezdi. Kaşık düşmanı aşağı, kaşık düşmanı yukarı. Yediğimiz dayakları ne siz sorun ne ben anlatayım. İçimizden on dört yaşını bitireni zorla evlendiriyordu. İki ablamdan sonra sıra bana geldi. Beni de daha önce hiç görmediğim birine verdi.

Kocamda sigara, içki, kumar her türlü kötü alışkanlık vardı. Baba evinden de beterdi koca evi. Irgat gibi çalıştırır, vara yoğa kızardı. Her gün bir bahane bulur, döverdi beni. Dört çocuğumuz olmuştu. Onların hatırına her şeye katlanıyordum. Kocam kazandığı parayı kendi eğlencesine harcıyordu. Ondan kavga dövüş kopardığım birkaç kuruşla evi geçindirmeye çalışıyordum. Fakat çoğu kez bu da yetmiyordu. Bir katkım olsun diye ne iş bulursam çalışıyordum. Aç yattığımız çok olurdu. Ona da razıydık. Dayak olmasın da..."

Adam bir gece yarısı eve sarhoş gelmiş. Onun bu durumlarına alışık olduklarından önce önemsememişler. Ayakaltında dolaşıp da onu kızdırmamak için bir odaya doluşmuşlar. Kocası bir süre sonra elinde tüfekle yanlarına gelmiş. Çocuklar korkudan çığlık çığlığa bağırıp ağlamaya başlamışlar:

"Kalkın! Dizilin şu duvarın önüne." diye gürlemiş. Kadıncağız kuluçka tavuk gibi çocuklarını arkasına saklamaya çalışarak adamın karşısına dikilmiş...

"İşte o an ne olacaksa olsun, dedim. Kocam ayakta sallanıp duruyordu zaten. Bütün gücümü toplayıp karnına bir kafa vurdum, yere yıkıldı. Hemen dışarı fırladık ..."

Kadını soluksuz dinliyorduk. Mutlu Dede:

"Sonra ne oldu?" diye sordu.

"Arkamızdan koştu. Fakat içkili olduğu için ayakları dolaşıyor, yere düşüyordu. O toparlanıncaya kadar biz arayı açıyorduk. Derken karanlıktan yararlanıp saklandık. Beş on dakika sonra bir silah sesi duyduk. Ama gidip bakmaya cesaret edemedik. Şafak sökerken camiye giden yaşlıların yanına katılıp evimize döndük. Kendini vurmuş. Cansız yatıyordu. İnsan ölenin arkasından hiç sevinir mi? Biz sevindik."

"Neden öldürmüş kendisini?"

"Bütün parasını, malını, mülkünü kumarda kaptırmış. O öldü, kurtuldu. Ama ben dört çocukla ortada kaldım. Çok uğraştım fakat malları kurtaramadım. Elde yok, avuçta yoktu. Bereket köyümüzün muhtarı bize eski bir ev gösterdi de oraya sığındık..."

Başlarını sokacak bir yer bulmuşlar fakat beş kişi yesin, içsin, giyinsin ister. Bu yıkık dökük evin kışın ısıtılması gerekir. Bütün bunlar neyle yapılacak. Elbette parayla. İşte onun için bu çileli kadın iyidir, kötüdür demeden bulduğu her işte çalışmış. Kazandığı birkaç kuruşla çocuklarını kimselere el açtırmadan büyütmüş.

Bu kötü yazgıyı değiştirmek için o ne kadar çabaladıysa terslikler de o kadar üst üste gelmiş. Daha ilk kışta en küçük kızı gripten ölmüş. Onun üzüntüsünü unutamadan on dördüne yeni basmış olan büyük kızı evden kaçmış. Aylarca aramadığı yer, sormadığı kimse kalmamış. Çocuğun izini bulamamış. Şimdi bir kızıyla bir oğlu okuyormuş. Her ana baba gibi onun da amacı çocuklarını iyi bir meslek sahibi yapmakmış. Ama nasıl? İşte şimdi önündeki en büyük engel bu.

"Para deyince akan sular duruyordu. Kimden istesem herkesin bir bahanesi vardı. Ben onurlu bir kadınım. Dilenmeyi şanıma yediremedim. Köyden kalkıp Ezine'ye geldim. Ona buna ev işlerine gidiyorum. Gücüm yettiğince çalışıyorum. Çocuklarım iyi beslenip büyüsünler, dedim; kendim yarı aç, yarı tok yattım. Onlar iyi giyinip üşümesinler, dedim; kendim karda kışta yarı çıplak dolaştım. Bir sürü hastalık sahibi oldum..."

Mutlu Dede:

"Yeter be kızım içimiz karardı." dedi. "Bunca derde nasıl katlandın? Tamam, sen mutlu olmayı çoktan hak ediyorsun. Ama benden para pul, mal mülk bekleme. Bunları yapamam. Fakat senin yaşadığın bu kötü olayların izlerini silebilirim. O zaman kendini daha güçlü hissedecek, zorluklarla kolayca baş edebileceksin. Başardığın her iş de seni mutlu edecek..."

Kadının gözlerinin içi güldü. Onları yalnız bırakmamı ister mi diye Mutlu Dede'ye baktım. Başıyla kalabileceğimi söyledi. İlk kez birini mutlu ederken onu izleyecektim. Çok heyecanlandım. O an onun gibi olmayı çok istedim. Acaba bana da öğretir mi? Saçma. Bu onun elinde değil ki. Cezalı da olsa o bir Uzunyaşar. Ben ölümlü biriyim. Yani hiç şansım yok. Bir an dalıp gittim. Az daha çok önemli bir olayı kaçıracaktım.

Mutlu Dede kadının ellerini tutmuş onun gözlerinin içine bakıyordu. İkisinin bakışları ışık olmuş birbirine akıyordu. Kırmızılı, yeşilli ışık demetleri gözleri arasında gidip geliyordu. Bir süre kıpırdamadan öyle kaldılar. Az sonra kadın titremeye başladı. O zaman Mutlu Dede İbrahim'in de sözünü ettiği, Uzunyaşarlar Kurultayı'nın ona verdiği bilekliği çıkardı. Onu kadının koluna taktı. Titremeler kesildi. Kadın sakinleşti. Bir dakika geçmeden yüz ifadesinde art arda değişikler olmaya başladı. Korku, üzüntü, sevinç, heyecan, şaşkınlık gibi daha pek çok ifade hızla kadının yüzünde belirip kayboldu.

Sonunda Mutlu Dede bilekliğini geri aldı, kendi koluna taktı. Soluk soluğa kalmıştı, inliyordu. Yerinden kalkmaya çalıştı, yapamadı. Bana işaret etti. Hemen koşup bir bardak su getirdim. Belli belirsiz bir sesle mırıldandı:

"Şimdi biraz dinlenmeliyim. Kızım sen gidebilirsin. Halilcan sen az daha kal." Kadın birden değişivermişti. Yüzünde gülümseyen bir ifade vardı. Mutlu Dede'ye teşekkür etmek, onun ellerine sarılıp öpmek istiyordu. Fakat dede çoktan yarı baygın uykuya dalmıştı.

Ezineli kadın yüzünde gülücükler çıktı kapıdan. Dimdik yürüyerek uzaklaştı, gitti. Oysa buraya gelirken her an yere yığılacakmış gibi yürüyordu. Omuzları düşük, avurtları çöküktü. Gülmek şöyle dursun dokunsalar ağlamaya hazır bir durumdaydı. Onun mutlu olduğunu görmek beni de çok sevindirdi. Hele bu olaya tanık olmak bana ayrı bir mutluluk verdi. Şimdi tek kaygım;

Mutlu Dede'nin sevindireceği birini daha nasıl bulacağız? Annem babam da çok kafa yoruyorlar bu işe. Ama hiç yoktan neler çıkıyor. Örneğin, bu Ezineli kadın. Hesapta var mıydı? Yoktu. Öyleyse ninem gibi söylersem; gün doğmadan neler doğar.

Mutlu Dede Seni Çok Seviyorum

Yaz tatilim biraz çalışmakla biraz da Mutlu Dede'nin yanında geçiyordu. Arkadaşlarımla görüşmek, oynamak içimden gelmiyordu.

Bugün yine anneme:

"Mutlu Dede'nin çok az ömrü kaldı. Adamcağız son görevini yapmadan ölmek istemiyor. Ne olur bir şeyler yapalım, ona yardım edelim." dedim.

Fakat daha açık konuşamıyorum. Onun bütün gizemli yanlarını bir ben biliyorum. Çünkü Mehmet Ali Abi, Ezineli Kadın, İbrahim üçü de evden ayrıldıktan sonra orada olanları çoktan unuttular. Annem:

"İyi diyorsun da oğlum, ille de Seyyide diye tutturdu senin Mutlu Dede'n. Bu sokakta mutsuz insan mı yok? Adım başı bir iki tane bulursun." dedi kızgın bir ifadeyle.

Doğru diyorsun da anneciğim, dedim. Adamcağız ona söz verdi. Şimdi onu yerine getiremeyip Seyyide Teyze'yi mutsuz etmekten korkuyor. Bu onun son görevi olacak; en iyi şekilde yapmak istiyor.

İki hafta daha geçti aradan, umudumuzu yitirmek üzereydik. Mutlu Dede bazen saatlerce dalgın yatıyor, uykusunda sayıklıyor:

"Şerife'm sana gelemiyorum, engeller var. Bağışla beni."

Ben bunları duyunca çok üzülüyorum. Dün "Çıkmadık candan umut kesilmez." deyiverdim. Sonra da ona ölümü anımsattığım için nasıl pişman oldum. Özür diledim elbet. Kimi zaman beni anladığından bile kuşku duyuyorum. Gözleri boş boş bakıyor.

Bugün Pazar. Tatildeyim. Öğlene kadar evde oyalanacağım. Güzel bir kitap buldum, onu okuyorum. Bol bol atasözleri kullanılmış. Biri çok ilgimi çekti; "Cesareti korkunun koynuna gömmek." Galiba Mutlu Dede de böyle yapıyor. Sık sık korkudan söz ediyor…

Öyle dalmışım ki saat on ikiyi geçmiş. Annem sesleniyor:

-Halilcan! Kapı çalınıyor oğlum. Açar mısın? Benim ellerim bulaşık.

-Peki, açarım anne.

Kim geldi acaba? Remziye Hanım Teyze'dir; kesin. Ya birine gezmeye gidiyordur ya da birkaç kapı dolaşmış eve dönüyordur; "Geçerken bakayım, dedim." der şimdi.

-Aaa! Seyyide Teyze! Sen misin? İnanamıyorum.

-Benim Halilcan. Gel diyordun ya geldim işte. Yoksa geç mi kaldım?

-Yok, Seyyide Teyze! Ağzından yel alsın. Mutlu Dede biraz hasta; ama yaşıyor, çok şükür.

Onu görünce çok sevindim fakat anlattıklarını dinleyince de bir o kadar üzüldüm. İki gün önce babası, Seyfi Dayı, ölmüş. Dün cenazeyi kaldırmış, bugün de buraya koşmuş kadın: "Ne yapalım? Ölenle ölünmüyor. Kalktım, geldim işte." dedi. Bizde biraz soluklandıktan sonra hemen Mutlu Dede'nin evine gittik. O hasta adam, o koca adam nasıl sevindi anlatamam. Yatakta bitkin yatan o değilmiş sanki, birden canlanıverdi.

Seyyide Teyze son günlerde yaşadıklarını bir de ona anlattı kısaca. Mutlu Dede:

"Tamam, kızım seni iyi tanıyorum. Gelemeyeceksin diye çok korktum. Sana bir sözüm vardı. Şimdi onu yerine getireceğim. Dağlar ne kadar yüksek olursa olsun bir yanı yoldur. Korkma kızım. Her düğümün bir çözümü vardır." dedi.

Ben yine bir kıyıda onları izledim. Ezineli kadından bildiğim için bu kez daha sakindim. Gene göz göze bakışmalar oldu. Kırmızı, yeşil ışık demetleri iki yöne aktı. Sonra Seyyide Teyze sıtmaya yakalanmış gibi titremeye başladı. Bunların hepsi önceden bildiğim şeylerdi. Ancak Mutlu Dede Seyyide Teyze'nin koluna yedi taşlı bilekliğini takınca yalnız onlar değil koca ev titredi. Odanın içi birkaç kez aydınlandı, karardı. İkisinin elleri kenetlenmiş gibi birbirinden ayrılmıyordu.

Bu ne kadar sürdü bilemiyorum. Her halde son görevi olduğu için böyle ağır, bu kadar uzun oluyordu. Derken Mutlu Dede bir yana, Seyyide Teyze diğer yana düşüverdiler. Bayıldılar sandım. Onları ayıltmak istedim. Odanın içinde dolandım durdum. Aklıma hiçbir şey gelmedi. Kolonya mı bulayım, su mu getireyim? Bilemedim.

Ben şaşkın şaşkın aranırken onlar yavaş yavaş kıpırdanmaya başladılar. İlk kendini toparlayan Seyyide Teyze oldu. Kolundan bilekliği çıkarıp bana verdi. Onu iyi bir yere saklamamı söyledi. O sırada Mutlu Dede de kendine geldi. Fakat gözlerinin ışığı sönmüş gibiydi. Güçlükle konuşuyordu:

"Seyyide, kızım şimdi sen evine dön artık. Dilerim çoluk çocuğunla çok mutlu olursun. Geçmişi geçmişte bırak. Unutma; yaşam geriye bakılarak anlaşılır; ama ileriye bakılarak yaşanır. Haydi, sana güle güle. Halilcan az daha kalsın. Ona diyeceklerim var."

Kadıncağız eğildi, onun ellerinden, yanaklarından öptü. Onu kapıya kadar geçirdim. Ağlıyordu. "Mutluluktan." dedi; ama Ezineli kadında gördüğüm değişikleri onda göremedim. Yoksa mutlu olamadı mı? Aklıma ilk takılan o oldu. Öyle değilmiş. Ayrılırken bana sarıldı, alnımdan öptükten sonra kulağıma şunları fısıldadı:

"Halilcan, Dede'yi yalnız bırakma. Sen de yanımızdaydın; ama benim o kısacık zaman içinde yaşadıklarımı görmemişsindir. Ben dertlerimden arınırken onun omuzlarına dağlar gibi bir yük yığılıyordu. Ondandır öyle omuzlarının çökmüşlüğü. Elini kolunu kıpırdatamayacak kadar güçsüz kalışı ondandır..." dedi. Sanki saatlerce koşmuş gibi soluk soluğaydı. Biraz dinlendi, sonra:

"Halilcan, iyi mi yaptık, kötü mü bilemiyorum. Ben şimdi mutluyum. Dünyaya yeniden gelmiş gibiyim. Önüme dağlar dikilse delerim. Denizler yolumu kesse yüzer, geçerim. Kendimi öyle güçlü hissediyorum. Fakat Mutlu Dede'yi böyle görünce sevincim buruklaşıyor. Ona bir şey olmasından korkuyorum..." deyip kapıdan çıktı, ardına baka baka yürüdü, gitti.

Seyyide Teyze'yi uğurladıktan sonra Mutlu Dede'nin yanına dönerken az önce cebime koyduğum bileklik elime geçti. Aldım inceledim. Üzerinde yedi tane kırmızı taş vardı. En ortadaki fındık kadar büyüktü, diğerleri leblebiden biraz küçüktü. Hepsi de ışıl ışıl parlıyordu. İçeriden bir inleme sesi duyar gibi oldum. Daldım odaya.

Mutlu Dede sessiz, soluksuz uyuyor, arada

bir inliyordu. Yakınında bir yerde dikildim. Mutlu ettiği kişilerden aldığı kötü anıların derin izleriyle çizik çizik olan yüzüne baktım. Düşündüm. Onun yaptığını acaba ben yapabilir miydim? Bu soruma yanıt veremedim.

Onu öyle bırakıp bir yere ayrılamadım. Korkuyor muydum? Bilmiyorum. İçimdeki duygunun ne olduğunu tam anlayamıyordum. Birden bir ürperti hissettim. İçim titredi. Üşüme gibi bir şeydi. O sırada ninemin bir sözü aklıma geldi: "Uyuyanın üstüne kar yağar." Çevreme bakındım. Köşede dolabın üstünde bir battaniye gördüm. Alıp dedenin üzerine örttüm. Eğilip kulağımı yaklaştırdım, kalp atışlarını dinledim. Belli belirsiz duyuluyordu.

Tam yanından ayrılacakken elimden tuttu. Boş bulundum, korktum. Işığı sönmüş gözlerini araladı. Bana bir şeyler işaret etti. Bilekliği istediğini sandım. Cebimden çıkarıp koluna takmaya çalışırken eliyle itti.

Tam o sırada odanın içini yeşil bir ışık doldurdu. Gözlerim kamaştı. Duvarın içinden birinin belirdiğini gördüm. Daha önce hiç görmediğim, garip kılıklı yaşlı bir adamdı bu. Yüzüne bakıp yaşını anlamak zordu. Ben onun kim olduğunu düşünürken Mutlu Dede'nin zor duyulur bir sesle; "Alilicemcem" dediğini duydum. O an gözlerinde gördüğüm korkuyu anlatamam. Alilicemcem duvarın önünde ışıklar içinde dimdik duruyordu. Yüzünde hiç de ürkütücü bir ifade yoktu. Tam tersine sevecen bakışlarla Mutlu Dede'ye bakıyordu. Ama onun için aynı şeyi söyleyemem.

"Oğul! Biliyorum beni gördüğüne sevinmedin. Haksız da değilsin. Ne yapayım, bu da benim görevim. Sen tam yüz yıl önce çok büyük bir suç işledin. Yasalarımızı çiğnedin. Bu yüzden cezan da büyük oldu. Yine de sen en ağır cezalara bile hiç yakınmadan katlandın.

Şimdi de bir ölümlü gibi ölmek, sevgili karına kavuşmak istiyorsun. Nasıl acele ettiğini biliyorum. Ancak sen bir Uzunyaşar'sın. Ölümün de bir Uzunyaşar'a yaraşır şekilde olacak..."

Kolunu kıpırdatacak gücü olmayan Mutlu Dede bir anda yerinden fırladı. Alilicemcem'in önüne dikiliverdi. Hiç konuşmuyor fakat bakışlarıyla ona yalvarıyordu. Fazla dayanamadı, dizleri büküldü. Yere çöküverdi. Benim de ayakta duracak halim kalmamıştı. Sırtımı duvara dayadım.

"...Oğul, neden korkarsın? Bugün ben sana güzel haberler getirdim. Sen öyle biliyorsun; ama sevgili Şerife'n ölmedi. Bizim ülkemizde senin dönmeni bekliyor. Uzunyaşarlar Kurultayı olarak ta ilk günden beri seni büyük bir dikkatle izledik. Yüzlerce kişiyi mutlu ettiğini gördük. Onların acılarını, sıkıntılarını yüklendin. Şimdi omuzlarındaki bu yükü ben görebiliyorum. Bunu taşımanın kolay olmadığını da biliyorum. İşte bu yüzden sana bu muştuyu kendim vermek istedim."

"Yaşasın!" diye bağırdım. "Mutlu Dede duyuyor musun? Bağışlamışlar seni." deyip koştum, boynuna sarıldım. O da bana sımsıkı sarıldı. Mavi gözlerinden yaşlar süzülüyordu. Yüzünde hiç çizik kalmamıştı. O insanın içini burkan acıklı ifade de uçup gitmişti.

"Oğul, şimdi şu oğlanın elindeki bilekliği onun koluna tak ve ülkene dön. Şerife'ni daha fazla bekletme..."

Bir anda odanın içinde yeşil ışıklar dolaşmaya başladı. Öyle parlaktılar ki gözlerimi açmakta zorlanıyordum. Ama neler olduğunu kaçırmamak için kısık gözle bakıyordum. Oysa Mutlu Dede gözlerini hiç kırpmıyordu. Alilicemcem'in duvardan geçişi ile birlikte ışıklar kesiliverdi. Ben üzerimdeki şaşkınlığı atamadan Mutlu Dede kolumdan tuttu:

"Halilcan! Sevgili oğul, ayrılık zamanı geldi. Sen tanıdığım en iyi, en yiğit çocuksun. Seni hiç unutmayacağım." dedi. Sonra bana bir kez daha sarıldı. Artık ayakta dimdik duruyordu. Elimden bilekliği aldı. Onu sağ koluma taktı.

Bir anda bileklikteki yedi taştan yedi ışık demeti dedenin üzerine doğru yağmaya başladı. Odanın içi kıpkırmızı oldu. Ben olduğum yerde donup kaldım. Mutlu Dede kollarını havaya kaldırdı. Tam karşımda dikiliyordu. O ışık yağmuru altında onu izliyordum. Birkaç dakika önce yarı ölü yatıyorken şimdi bir metre önümde dimdik duruyordu. Gözüm ışıklara alışınca yüzüne baktım. Yüz elli yaşındaki dedenin yerinde kırk yaşında, güçlü kuvvetli, mavi gözlü kumral bir adam duruyordu. Bana gülümseyerek adım adım geri gitmeye başladı.

Onu durdurmak istiyor; fakat hiçbir şey yapamıyordum. Sağ kolumdaki bileklikten hala kırmızı ışıklar yayılıyordu. O ise arkasına dönmeden gerileyerek bana el sallıyor, gülümsüyordu.

Odanın içinde durmadan aynı sözler yankılanıyordu:

"Şerife'm! Kır çiçeğim, dağ kekiğim! Sonunda özgürüm! Sana geliyorum bir tanem, sana geliyorum!"

Buruk bir sevinçle onu dinliyordum:

"Başın sıkışınca bilekliğin büyük taşına bak oğul. Sana seve seve yardım etmeye hazırım. Ama senin yapabileceklerin sınırlı. Sen yol gösterici ol, yeter. İnsanlar sorunlarını kendileri çözerlerse özgüvenleri artar. Ancak o zaman sorunların üzerine korkusuzca gidebilirler. Unutma Halilcan; önde gidenin gözü kulağı keskin olmalı. Çünkü arkadan gelenler onun görmediği engellere takılacaklardır. Önder olacaksan donanımın iyi olacak..." sonra odanın içinde yeniden az önceki sesler yankılanmaya başladı:

"Şerife'm! Kır çiçeğim, dağ kekiğim! Sonunda özgürüm!..

Sesinde coşku, sevinç, neşe, mutluluk vardı. Çocuklar kadar şendi. Ben de kendimi kaptırmış bağırıyordum; "Güle, güle Mutlu Dede! Güle, güle! Şerife Nine'ye selam söyle." Bir bayram coşkusu yaşar gibi mutluydum. Korkmak aklımdan bile geçmedi. Onun gittikçe silikleşen görüntüsüne bakıyordum. Mavi gözlerinin içi ışıldıyor, kumral saçları rüzgara kapılmış gibi uçuşuyordu.

Birden ışıklar kesildi. O anda onun duvarın içinde kaybolduğunu fark ettim. Mutlu Dede yoktu. Sessizce geldi, sokağımızın en sevilen insanı oldu. Sessizce gitti. Ardında güzel anılar, mutlu insanlar bırakarak. Ben hala el sallıyordum. Ama içime yayılan burukluk ne neşe bırakmıştı bende, ne de yüzümde bir gülümseme. Şu anda bile kalbimi burgacına alıp ezen üzüntümü hiçbir söz anlatamaz. Fakat o zaman da ağlamadım, şimdi de ağlamıyorum. Büyüdüm mü acaba? Belki de. Bildiğim tek şey; o çocuk Halilcan yok artık.

Bir yıl gibi kısacık bir zamanda bize kendini sevdirdi. Ona Mutlu Dede adını verdik. Asıl adı nedir? Sormadık bile. Burada yalnızca adı Mutlu'ydu; ama orada kendisinin de mutlu olduğunu biliyorum.

Zaman zaman sanki bir masal dinlemişim gibi geliyor; bir varmış, bir yokmuş. Fakat öyle olmadığını biliyorum. O bir gerçekti. Kolumdaki şu bileklik kadar gerçekti. Onu özlediğim zaman bilekliğin büyük taşına bakıyorum. Onun oradan bana gülümsediğini görüyorum. Özellikle mutsuz olduğumda onu daha çok özlüyorum. Elim hemen bilekliğe gidiyor. Dede'nin o sıcacık bakışları bana her şeyi unutturuyor.

Seni çok seviyorum Mutlu Dede!

Bu kitapla ilgili düşüncelerim:

....

....

....

....

....

....

....

....

....

....

....

....

Kitap okumak yüzümüzü ışığa dönmektir.

Halil ÖZÇELİK